古典文獻研究輯刊

二五編

潘美月・杜潔祥 主編

第8冊

《昭明文選》叢考

羅國威 著

國家圖書館出版品預行編目資料

《昭明文選》叢考／羅國威 著 — 初版 — 新北市：花木蘭文化事業有限公司，2017〔民 106〕

目 2+168 面；19×26 公分

（古典文獻研究輯刊 二五編；第 8 冊）

ISBN 978-986-485-246-8（精裝）

1. 昭明文選 2. 研究考訂

011.08　　106015023

古典文獻研究輯刊

二五編　第 八 冊　　ISBN：978-986-485-246-8

《昭明文選》叢考

作　　者　羅國威

主　　編　潘美月　杜潔祥

總 編 輯　杜潔祥

副總編輯　楊嘉樂

編　　輯　許郁翎

企劃出版　北京大學文化資源研究中心

出　　版　花木蘭文化事業有限公司

社　　長　高小娟

聯絡地址　235 新北市中和區中安街七二號十三樓

　　　　　電話：02-2923-1455／傳眞：02-2923-1452

網　　址　http://www.huamulan.tw 信箱 hml 810518@gmail.com

印　　刷　普羅文化出版廣告事業

初　　版　2017 年 9 月

全書字數　139735 字

定　　價　二五編 8 冊（精裝）新台幣 15,000 元

《昭明文選》叢考

羅國威 著

作者簡介

羅國威，男，四川洪雅人，1944 年 4 月生。四川大學文學與新聞學院教授、博士生導師。曾任中華文學史料學學會古代文學分會副會長、中國文選學研究會理事。長期從事魏晉南北朝文學及文選學研究。已出版著作，有《劉校標集校注》、《敦煌本昭明文選研究》、《敦煌本〈文選注〉箋證》、《冤魂志校注》、《日藏弘仁本〈文館詞林〉校證》等等。

提　　要

本書爲作者近三十年來研究《昭明文選》所發表的論文中的考證文章二十篇，包括四個內容：其一爲作家考，其二爲舊注考，其三爲文本考，其四爲雜考。這批文章，都曾在《文史》、《文獻》以及各大學學報等刊物發表。今將其選出，裒爲一集，以饗讀者。

目次

前　言

本書是從近三十年來本人研究《昭明文選》所發表的論文中遴選出的二十篇考證文章，其中，有兩篇合併成了一篇，都爲十九篇，定書名曰《昭明文選叢考》。

全書包括四個方面內容。其一爲作家考。沈約、任昉是南朝蕭梁王朝時代的代表作家，也是《文選》的重要作家，對他們的一生行事考訂編年，對他們的作品深入細緻的考辨、繫年，爲其編定年譜，知人論世，於《文選》研究、南朝文學研究，不無小補。其二爲舊注考。《三都賦》晉人綦毋邃注，《演連珠》梁劉孝標注，俄藏敦煌本Φ242《文選》寫卷無名氏注，天津藝術博物館藏《文選集注》殘卷中的許淹注，有的保存於李善注中，有的溢出於李善注外，這些都是文選學、訓詁學十分珍貴的資料，對之發覆疏理，於文選學研究當有裨益。其三爲文本考。對英藏、俄藏、德藏和國家圖書館藏敦煌本《文選》殘卷作考訂，並與傳世的《文選》刊本（六種宋刊、一種明刻。因各篇所用不盡相同，故不一一臚列）與之比勘，取長比短，以供學界參考。其四爲雜考，前三類所不能該，無可歸併者，納入此類。

在編選過程中，向茂龍君助我良多，於此深表謝忱。

羅國威

二〇一七年四月於川大竹林村

作家考

書《梁書劉峻傳》後

《梁書》卷五〇《劉峻傳》云：

> 劉峻，字孝標，平原平原人。

《南史》卷四九《劉峻傳》云：「本名法武」，「齊永明中」，與兄「俱奔江南，更名峻，字孝標」。「兄法鳳自北歸，改名孝慶，字仲昌」。其兄本名法鳳，則孝標當名法虎。《南史》作法武者，蓋唐人避唐祖諱，改虎作武也。又案：平原郡有二：一爲宋僑置，故址在今山東淄博市附近。又一爲梁置，并置平原縣，故治在今廣東雙橋附近。考之《梁書》峻本傳，魏克青州，峻即陷身爲奴，孝標之籍貫，當爲前者。

《梁書・劉峻傳》云：

> 父珽，宋治興內史。

案：孝標爲漢膠東康王劉寄之後。其先劉植，爲平原太守。其祖䄟，從慕容德渡河，家於北海之都昌縣（《魏書・劉休賓傳》）；䄟生三子：長子奉伯，次子珽（《魏書・劉休賓傳》作「琁之」，《北史・劉休賓傳》及《南史・劉峻傳》作「旋之」。今從《梁書》），季子史傳無載，不可考。奉伯劉裕時爲北海太守（《魏書・劉休賓傳》）。珽仕宋爲始興內史。珽生二子：長子法鳳（後更名孝慶，字仲昌），次子法虎（後更名峻，字孝標）。現將孝標世系，列表如左（見下頁）：

《梁書・劉峻傳》云：

宋太始初，青州陷魏，峻年八歲。

案：《宋書・明帝紀》：「（太始）二年，……丙申，以征虜司馬申令孫爲徐州刺史，義陽內史龐孟虬爲司州刺史。令孫、孟虬及豫州刺史殷琰、青州刺史沈文秀、冀州刺史崔道固、湘州行事何慧文、廣州刺史袁曇遠、益州刺史蕭惠開，梁州刺史柳元怙并同叛逆。」又《魏書・獻文紀》：「（皇興元年）劉彧青州刺史沈文秀、冀州刺史崔道固，並遣使請舉州內屬。」北魏皇興元年爲宋太始二年（四六六）之明年。但眞正「魏克青州」，卻要直待太始五年（《南史・宋本紀》）。所以《梁書》峻本傳之「太始初」，「初」字的意義已極爲模糊。據傳末「普通二年，卒，時年六十」推算，此「太始初」實爲太始五年。《魏書・獻文紀》：「（皇興三年，五月，徙青州民於京師。」皇興三年爲宋太始五年（即四六九），可證劉峻正在此時「爲人所略」。中華書局標點本《梁書・文學傳》校勘記把「太始初」理解爲太始元年，推斷峻生於大明二年，并據此謂峻本傳「卒時年六十，下「當脫一『四』字或『五』字」，是未參證《南史》、《魏書》等有關材料而致誤。孝標生年當是宋大明六年（四六二）。

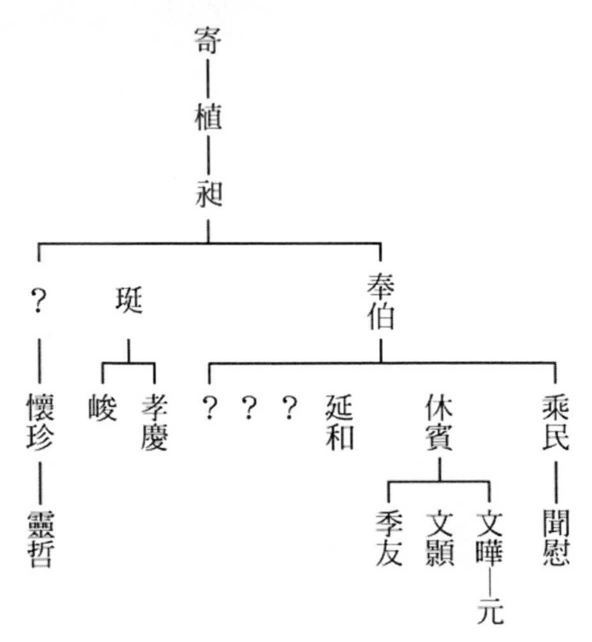

《梁書・劉峻傳》云：

峻好學，家貧，寄人廡下，自課讀書，常燎麻炬，從夕達旦。時或昏睡，爇其髮，既覺復讀，終夜不寐，其精力如此。

《南史・劉峻傳》在敘及峻好學後有云：「時魏孝文選盡物望，江南人士才學之徒，咸見申擢，峻兄弟不蒙選拔。」何以不蒙選拔？史傳未予說明。同時，孝標在北魏曾因「居貧不自立，與母并出家爲尼僧，既而還俗」。孝標母子於何時在何地出家？史傳亦未說明。檢《魏書》及《北史》之《劉休賓傳》，孝標從兄劉休賓，以宋兗州刺史降魏時，休賓兄子聞慰（原名懷慰）執意不從，以故愆期。降魏後，休賓爲懷寧縣令。北魏延興二年，休賓卒。休賓卒後，聞慰南叛，休賓子文曄、文顥及季友被坐徙北邊。又，陳垣先生《雲岡石窟寺之譯經與劉孝標》（見《陳垣學術論文集》第一集）據《開元釋教錄》之記載，（北魏）延興二年西域人吉迦夜「爲昭玄統沙門曇曜譯《大方廣十地》等經五部，劉孝標筆受」，指出，孝標協助吉迦夜譯經在北魏延興二年（四七二，孝標時年僅十一歲）。這一年，正是休賓卒、聞慰南叛，文曄兄弟被坐徙北之年。可以認爲，孝標兄弟的不蒙選拔，孝標母子的出家爲尼僧，當與休賓卒、聞慰南叛有關。

《梁書・劉峻傳》云：

> 齊永明中，從桑乾得還。

案：《文選》卷四三劉孝標《重答劉秣陵沼書》李善注云：「齊永明四年（四八六）二月，逃還京師。」從宋太始五年青州陷魏算起，他實際上在北魏生活了十七年。

《梁書・劉峻傳》云：

> 至明帝時，蕭遙欣爲豫州，爲府刑獄，禮遇甚厚。遙欣尋卒，久之不調。

案：《南齊書・蕭遙欣傳》：「（齊）延興元年十月，高宗樹置，以遙欣爲……豫州刺史，持節如故。」齊延興元年（四九四）十月，明帝（即高宗）即位，改元建武，遙欣爲豫州刺史，當在建武元年，孝標爲豫州刑獄參軍，亦當在是年。

《梁書・劉峻傳》云：

> 高祖招文學之士，有高才者，多被引進，擢以不次。峻率性而動，不能隨眾沉浮，高祖頗嫌之，故不任用。

案：梁武帝蕭衍文武雙全，上馬能統兵，下馬能賦詩，當上皇帝後，更是八方羅致人才。表面上，他愛才若渴；實際上，心胸狹窄，嫉賢妬能。他身邊的那班文士很明白這一點。「武帝每集文士策經史事，時范雲、沈約之徒皆引短推長，帝乃悅。」(《南史·劉峻傳》)「約嘗侍宴，值豫州獻栗徑寸半，帝奇之，問曰：『栗事多少？』與約各疏所憶，少帝三事。出謂人曰：『此公護前，不讓即羞死。』，(《梁書·沈約傳》）孝標卻與那幫曲意取容的文士不同，「會策錦被事，咸言已罄，帝試呼問峻，峻時貧悴冗散，忽請紙筆，疏十餘事，坐客皆驚，帝不覺失色，自是惡之，不復引見。」(《南史·劉峻傳》)《梁書》本傳又載：「峻兄孝慶，時爲青州刺史，峻請假省之，坐私載禁物，爲有司所奏，免官。」孝標的免官，不能不使人懷疑是梁武帝對他不能「引短推長」的打擊報復。

《梁書·劉峻傳》云：

> 安成王秀好峻學，及遷荆州，引爲户曹參軍，給其書籍，使抄錄事類，名曰《類苑》。

案：《南史·安成康王秀傳》：「天監七年，遭慈母陳太妃憂，詔起視事。尋遷荆州刺史，加都督。」又《資治通鑒》卷一四七《梁紀三》：「天監七年癸卯，以安成王秀爲荆州刺史。」孝標爲荆州戶曹參軍，當始於天監七年。《類苑》的編撰，亦當始於是年。又案：陳垣先生《雲岡石窟寺之譯經與劉孝標》云：「孝標逃還江南後，有兩大著述：其一爲《世說新語注》，引書一百六十餘種，至今士林傳誦。其一爲《類苑》，一百二十卷，隋唐三志皆著錄。南宋末陳氏撰書錄解題時，始說不存。以今日觀之，孝標之注《世說》及撰《類苑》，均受其在雲岡石窟時所譯《雜寶藏經》之影響。印度人說經，喜引典故；南北朝人爲文，亦喜引典故。《雜寶藏經》載印度故事，《世說》及《類苑》載中國故事。當時談佛教故事者，多取材於《雜寶藏經》；談中國故事者，多取材於《世說新語注》及《類苑》，實一時風尚也。

沈約任昉年譜

沈約、任昉是齊梁時代的著名作家，沈約是「永明體」的創始人之一，任昉以文章見稱於當代及後世，向有「沈詩任筆」之稱。《文選》載沈約詩文十七首，載任昉詩文十九首，是入選作品最多的兩位作者。二人有許多共同之處，如二人共同經歷了宋、齊、梁三個朝代，二人同時翊贊蕭衍奪取了政權，在梁代又都官位顯赫，但政治上得不到重用，始終擺脫不了文學侍臣的命運。又如二人身爲梁代文壇領袖，又都愛賢若渴，獎掖和選拔後進不遺餘力。對這兩位作家作深入系統的研究，是《文選》研究和魏晉南北朝文學研究不可或缺的重要組成部分。今特爲二人合撰一年譜以貽諸同好，讀者幸察焉。

宋文帝元嘉十八年辛巳（公元四四一年）沈約一歲

沈約字休文，吳興武康（今浙江德清西）人，元嘉十八年生。案《梁書·沈約傳》：「（天監）十二年，卒官，時年七十三。」天監十二年上推七十三年，沈約當生於是歲。

案約祖林子，宋征虜將軍（《梁書》本傳），器懷眞審，忠績允著，簡泰廉靖，義讓之美，著於閨門（《宋書·自序》）。父璞，淮南太守（《梁書》本傳），「奉時無纖介之失，在家有孝友之稱，學優才贍，文義可觀，而沉深守靜，不求名譽」（《宋書·自序》引宋文帝語）。

又案沈約之世系，《宋書·自序》載之甚詳，此從略。

元嘉十九年壬午（四四二）沈約二歲

元嘉二十年癸未（四四三）沈約三歲

元嘉二十一年甲申（四四四）沈約四歲

江淹生。案《梁書·江淹傳》：天監四年卒，年六十二。張融生。案《南齊書·張融傳》：建武四年病卒，年五十四。

元嘉二十二年乙酉（四四五）沈約五歲

元嘉二十三年丙戌（四四六）沈約六歲

元嘉二十四年丁亥（四四七）沈約七歲

孔稚珪生。案《南齊書·孔稚珪傳》：永元三年卒，年五十五。

元嘉二十五年戊子（四四八）沈約八歲

元嘉二十六年己丑（四四九）沈約九歲

元嘉二十七年庚寅（四五〇）沈約十歲

元嘉二十八年辛卯（四五一）沈約十一歲

范雲生。案《梁書·范雲傳》：雲天監二年卒，年五十三。

元嘉二十九年壬辰（四五二）沈約十二歲

王儉生。案《南齊書·王儉傳》：永明七年卒，年三十八。

元嘉三十年癸巳（四五三）沈約十三歲

約遭家難，父璞死。案《宋書・自序》云：「（元嘉）三十年，元凶（案元凶，劉劭也，弑文帝而自立）弑立，璞乃號泣曰：『一門蒙殊常之恩，而逢若斯之運，悠悠上天，此何人哉！』日夜憂嘆，以至動疾。會二凶逼令送老弱還都，璞性篤孝，尋聞尊老應幽執，輒哽咽不自勝，疾遂增篤，不堪遠迎，世祖義軍至界首，方得致身。先是，琅邪顏竣欲與璞交，不酬其意，竣以致恨。及世祖將至都，方有讒說，以璞奉迎之晚，橫罹世難，時年三十八。」《宋書・自序》又云：「史臣年十三而孤，少頗好學，雖棄日無功，而伏膺不改。」《梁書》本傳云：「少時孤貧，丐於宗黨，得米數百斛，為宗人所侮，覆米而去。及貴，不以為憾，用為郡部傳。」約與徐勉書（載《梁書》本傳）亦云：「吾弱年孤苦，傍無期屬，往者將墜於地，契闊屯邅，困於朝夕。」於此，可知其少時之艱苦。

宋孝武帝孝建元年甲午（四五四）沈約十四歲

孝建二年乙未（四五五）沈約十五歲

孝建三年丙申（四五六）沈約十六歲

大明元年丁酉（四五七）沈約十七歲

大明二年戊戌（四五八）沈約十八歲

文惠太子長懋生。案《南齊書・文惠太子傳》：永明十一年卒，年三十六。劉繪生。案《南齊書・劉繪傳》：中興二年卒，年四十五。

大明三年己亥（四五九）沈約十九歲

大明四年庚子（四六〇）沈約二十歲　任昉一歲

約從是年始立撰述《晉史》之志。案《宋書・自序》云：「常以晉氏一代，竟無全書，年二十許，便有撰述之意。」作《麗人賦》（《藝文類聚》卷一八，又見《全梁文》卷二五）。案《麗人賦》有云：「有客弱冠未仕，締交戚里，馳騖王室，遨遊許、史。」蓋自方也。

任昉生。任昉字彥昇，樂安博昌（今山東昌樂西北）人，宋大明四年生。案《梁書・任昉傳》：「（天監）六年春，出為寧朔將軍，新安太守……視事期歲，卒於官舍，時年四十九。」由天監七年上推四十九年，其生年當為大明四年。

又案《元和姓纂》卷五載：「黃帝二十五子，十二人各以德為姓，一為任氏，六代至奚仲，封薛。魏有任座，秦任鄙，漢御史大夫廣阿侯任敖，武帝時任安。」下載樂安博昌一支，云：「任敖之後，晉尚書任愷，梁新安太守任昉，生東里。」

又案《通志・氏族略》云：「黃帝之孫顓帝少子陽封於任，故以為任氏。又任為風姓之國，實太昊之後，主濟祀，今濟州任城即其地也。任姓之任，與任國之任，子孫皆以任為氏。魏有任鄙，漢有御史大夫廣阿侯任敖，武帝時有任安。」

又案典籍所載，樂安博昌任氏之歷代顯者，東漢末有任旐，旐字子旟，歷官酸棗、祝阿令。三國時魏有任嘏，字昭先，昭先乃旐子，文帝時拜黃門侍郎，累遷東郡、趙郡、河東太守（並見《三國志・魏書・徐胡二王傳》裴松之注引《任嘏別傳》）。魏又有任昊，拜太常。晉有任愷，愷乃昊子，字元應，拜侍中，封昌國縣侯（並見《晉書・任愷傳》）。愷子罕，字子倫，歷官黃門侍郎、散騎常侍、兗州刺史、大鴻臚（《晉書・任罕傳》）。南朝時齊有任遐，字景遠，官御史中丞、金紫光祿大夫。遐弟遙，中散大夫，乃任昉之父。（並見《梁書》及《南史》之《任昉傳》）

案昉母河東裴氏，高明有德行。嘗晝臥，夢有彩旗蓋四角懸鈴，自天而墜，其一鈴落入懷中，心悸而有娠。占者曰：「必生才子。」遂生昉。（《梁書・任昉傳》）

蕭子良生。案《南齊書・竟陵文宣王子良傳》：隆昌元年卒，年三十五。

大明五年辛丑（四六一）沈約二十一歲　任昉二歲

沈約起家奉朝請（《梁書・沈約傳》）。案《梁書》未載年月，以意推之當在弱冠之後，今姑繫於此，俟後考。嚴可均《全梁文》之沈約敘傳云孝建中為奉朝請，不知何據，今不取。

作《鍾山詩應西陽王教》（載《文選》卷二二）。案李善注引裴子野《宋略》云：「孝武封皇子尚為西陽王。」檢《宋書・孝武十四王傳》，尚為孝武第二子，封西陽王時自孝建三年正月起至大明五年四月止，孝建三年尚七歲，大明五年為十二歲，姑繫此詩於最後之大明五年，俟後考。

案是歲正月元日大雪，孝武帝以為瑞物，詔公卿作雪花詩，謝莊時年四十一（《宋書・謝莊傳》：太始二年卒，時年四十六），為侍中，領前軍將軍，作《和元日雪花應詔》詩（載《古今歲時雜咏》卷一）。

閏九月戊子，皇太子妃何氏卒（《宋書・孝武帝紀》），謝莊為作《皇太子妃哀策文》（載《藝文類聚》卷一六、《初學記》卷一〇）。

大明六年壬寅（四六二）沈約二十二歲　任昉三歲

四月，孝武帝妃殷淑儀卒（《宋書・始平王子鸞傳》、《通鑒》卷一二九《宋紀》一一），孝武帝作《傷宣貴妃擬漢武帝李夫人賦》（載《宋書・始平王子鸞傳》，又見《藝文類聚》卷三四）。

謝莊作《孝武宣貴妃誄并序》（載《文選》卷五七，又見《藝文類聚》卷一五），《殷貴妃謚策文》（載《藝文類聚》卷一五、《初學記》卷一二）。奏上，帝贊之，都下傳寫，紙爲之貴（《南史・殷淑儀傳》）。

張融撰《海賦》（載《南齊書・張融傳》，又見《藝文類聚》卷八）。案《南齊書》及《南史》融本傳載，殷淑儀卒，帝爲之建齋并灌佛，僚佐儭錢多者一萬，少則五千，融獨儭百錢，帝不悅，出融爲封溪令，浮海遇風，作《海賦》。融時年十八。

是年，劉峻生。案《梁書・劉峻傳》：普通二年卒，年六十。

大明七年癸卯（四六三）沈約二十三歲　任昉四歲

昉年四歲，誦詩數十篇，其聰明穎悟若此。（《梁書・任昉傳》）

大明八年甲辰（四六四）沈約二十四歲　任昉五歲

是歲，蕭衍生。案《梁書・武帝紀》：「高祖以宋孝武八年甲辰歲生於秣陵縣同夏里三橋宅。」謝朓生。案《南齊書》及《南史》朓本傳並云東昏侯永元元年（499）朓「下獄死，時年三十六」。丘遲生。案《梁書・丘遲傳》：天監七年卒，年四十五。

宋前廢帝永光元年、景和元年、明帝太始元年乙巳（四六五）沈約二十五歲任昉六歲

沈約始撰《晉史》。案《宋書・自序》云：「太始初，征西將軍蔡興宗爲啓明帝，有敕賜許，自此迄今（案指永明六年），年逾二十，所撰之書，凡一百二十卷，條流雖舉，而採掇未周。」

是歲，王僧孺生。《梁書・王僧孺傳》：普通三年卒，時年五十八。　柳惲生。《梁書・柳惲傳》：天監十六年卒，年五十三。

太始二年丙午（四六六）沈約二十六歲　任昉七歲

裴子野生。案《梁書・裴子野傳》：大通二年卒，年六十二。徐勉生。案《梁書・徐勉傳》：大同元年卒，年七十。

太始三年丁未（四六七）沈約二十七歲　任昉八歲

沈約爲安西外兵參軍兼記室。《梁書》約本傳云：「濟陽蔡興宗聞其才而善之。興宗爲郢州刺史，引爲安西外兵參軍兼記室。興宗嘗謂其諸子曰：『沈記室人倫師表，宜善事之。』」案《宋書・蔡興宗傳》云：「（太始）三年春，出爲使持節都督郢州諸軍事、安西將軍、郢州刺史……在任三年。」於此知約是年爲外兵參軍兼記室。又案《梁書》約本傳云：蔡興宗「爲荊州，又爲征西記室參軍」。則興宗爲郢州三年，約未嘗離府中。

是年，約與范雲定交。案《梁書・范雲傳》云：「父抗爲郢府參軍，雲隨父在府，時吳興沈約、新野庾杲之與抗同府，見而友之。」

昉八歲能文，著《月儀》，辭甚美，由是爲世所稱。案《南史・任昉傳》：「昉八歲能屬文，自製《月儀》，辭義甚美。褚彥回嘗謂（昉父）遙曰：『聞卿有令子，相爲喜之，所謂百不爲多，一不爲少。』由是聞聲藉甚。」案《月儀》已佚，不復睹矣。

是歲王融生。案《南齊書・王融傳》：永明十一年卒，年二十七。

太始四年戊申（四六八）沈約二十八歲　任昉九歲

約在郢州府。案約《與徐勉書》中追述此時的情景云：「契闊屯邅，困於朝夕，崎嶇薄宦，事非爲已，望得小祿，傍此東歸。」

太始五年己酉（四六九）沈約二十九歲　任昉十歲

吳均生。案《梁書・吳均傳》：普通元年卒，年五十二。

周捨生。案《梁書・周捨傳》：普通五年卒，年五十六。

太始六年庚戌（四七〇）沈約三十歲　任昉十一歲

陸倕生。《梁書・陸倕傳》：普通七年卒，年五十七。

太始七年辛亥（四七一）沈約三十一歲　任昉十二歲

昉十二歲，即以才學及孝行著稱。案《南史・任昉傳》：「年十二，從叔暑有知人之量，見而稱其小名曰『阿堆，吾家千里駒也。』昉孝友純至，每侍親疾，衣不解帶，言與淚并，湯藥飲食，必先經口。」

泰豫元年壬子（四七二）沈約三十二歲　任昉十三歲

夏四月，約爲征西將軍荆州刺史蔡興宗之記室參軍，帶厥西令。案《宋書・明帝紀》：「泰豫元年夏四月己亥，鎭東將軍蔡興宗爲征西將軍、開府儀同三司、荆州刺史。」又案《梁書》約本傳：「及蔡興宗爲荆州，又爲征西記室參軍，帶厥西令。」八月以後，約爲安西晉安王法曹參軍，轉外兵兼記室。案《梁書，沈約傳》：「興宗卒（《宋書・後廢帝紀》：泰豫元年八月戊午蔡興宗卒，時年五十八），始爲安西晉安王法曹參軍，轉外兵并兼記室。」

陸厥生。案《南齊書・陸厥傳》：永元元年卒，年二十八。

宋後廢帝元徽元年癸丑（四七三）沈約三十三歲　任昉十四歲

元徽二年甲寅（四七四）沈約三十四歲　任昉十五歲

約入爲尚書度支郎（《梁書・沈約傳》）。案《梁書》未言年月，姑繫於此，俟後考。

元徽三年乙卯（四七五）沈約三十五歲　任昉十六歲

約居郢州，作《棲禪精舍銘并序》（《廣弘明集》卷一六，又見《全梁文》卷三〇）。序云：「此寺征西蔡公（案指蔡興宗）所立，昔廁番麾，預班經創之始，今重遊踐，覽舊興懷，故爲此銘，以傳芳迹，在郢州永徽（案約生時無永徽之年號，『永』當作『元』）三年，歲次某時某月某朔某日子。」

昉年十六，辟爲丹陽主簿。案《梁書・任昉傳》：「宋丹陽尹劉秉辟爲主簿。時昉年十六……」又案《宋書・劉秉傳》，秉除散騎常侍、領丹陽尹在元徽二年，與此合。

張率生。《梁書・張率傳》：大通元年卒，時年五十三。

元徽四年丙辰（四七六）沈約三十六歲　任昉十七歲

宋順帝昇明元年丁巳（四七七）沈約三十七歲　任昉十八歲

劉之遴生。《梁書・劉之遴傳》：太清二年卒於夏口，時年七十二。

到洽生。《梁書・到洽傳》：大通元年卒，年五十一。

昇明二年戊午（四七八）沈約三十八歲　任昉十九歲

約所撰《晉史》失其第五帙。案《宋書・自序》：「永（案『永』之草體與『升』字形近，故訛，『永』當作『升』）明初，遇盜失第五帙。」昇明初不必定指元年，今姑繫於此。

昉爲奉朝請，舉兖州秀才，拜太常博士。案《南齊書・王慈傳》謂昉建元元年爲儀曹郎，則《梁書》及《南史》之《任昉傳》謂昉爲奉朝請，舉兖州秀才，拜太常博士等，皆當在昇明年間，今姑繫於此。

蕭琛生。《梁書・蕭琛傳》：中大通元年卒，年五十二。

齊高帝建元元年己未（四七九）沈約三十九歲　任昉二十歲

約爲征虜記室，帶襄陽令。案《梁書・沈約傳》：「齊初爲征虜記室，帶襄陽令，所奉之王，即文惠太子也。」《南齊書・文惠太子傳》：「建元元年，封南郡王……進號征虜將軍。」《南齊書・高帝紀》：「六月甲申，皇孫長懋爲南郡王。」本年六月以後，約爲征虜將軍、南郡王長懋之記室。作《爲柳世隆讓封表》（載《藝文類聚》卷五〇，又見《全梁文》卷二七）。案《南齊書・柳世隆傳》:「太祖踐阼，起世隆爲使持節、都督南豫司二州諸軍事、平南將軍、南豫州刺史，進爵爲公。」

昉除儀曹郎，作《朝堂諱榜議》（載《南齊書・王慈傳》，又見《全梁文》卷四三）上之。案《南齊書・禮志上》:「建元元年，太常上朝堂諱訓」。又《南齊書・王慈傳》載有儀曹郎任昉所上之議文，則是年昉除儀曹郎並上《朝堂諱榜議》，於此可考。

阮孝緒生。案《梁書・阮孝緒傳》: 大同二年卒，年五十八。

裴子野生。案《梁書・裴子野傳》: 中大通二年卒，年六十二。

建元二年庚申（四八〇）沈約四十歲　任昉二十一歲

約作《爲南郡王讓中軍表》（載《初學記》卷一〇，又見《全梁文》卷二七）。案《南齊書・文惠太子傳》:「建元元年，封南郡王；二年，徵爲侍中、中軍將軍，置府，鎮石頭。」

作《爲南郡王捨身疏》（載《廣弘明集》卷二八，又見《全梁文》卷三二）。疏文中有「儲妃闡膺祥之符，皇枝廣惟祺之祚」之語，案儲妃裴氏乃長懋之母。《南齊書・高帝紀》: 建元元年六月甲申，立皇太子賾。立皇孫長懋爲南郡王。十一月辛亥，立皇太子妃裴氏。建元二年七月戊午，皇太子妃裴氏薨。

建元三年辛酉（四八一）沈約四十一歲　任昉二十二歲

約作《爲柳兗州上舊宮表》（載《藝文類聚》卷六二，又見《全梁文》卷二七）。案《南齊書・柳世隆傳》:「（建元）三年，出爲使持節，督南兗兗徐青冀五州軍事、安北將軍、南兗州刺史。」

劉孝綽生。案《梁書・劉孝綽傳》: 大同五年卒官，時年五十九。

王筠生。案《梁書・王筠傳》: 太清三年卒，年六十九。

建元四年壬戌（四八二）沈約四十二歲　任昉二十三歲

三月，齊高帝道成殂，太子賾即位，是爲武帝。案《南齊書・武帝紀》:「建元四年三月壬戌，太祖崩，大赦。」

六月，長懋立爲皇太子，進封聞喜公子良爲竟陵王。(《南齊書・武帝紀》)

約爲步兵校尉，管書記，直永壽省，校四部圖書。(《梁書・沈約傳》)

《晉史》未終，被敕撰國史。案《宋書・自序》:「建元四年未終（指修

《晉史》未終），被敕撰國史。」

七月，作《爲文惠太子解講疏》（載《廣弘明集》卷一九，又見《全梁文》卷三二）。案疏云：「皇太子以建元四年四月十五日集大乘望僧於玄圃園安居……暨七月既望」云云。

齊武帝永明元年癸亥（四八三）沈約四十三歲　任昉二十四歲

約仍官步兵校尉，管書記，直永壽省，校四部圖書。又遷太子家令。案《梁書・沈約傳》：「時東宮多士，約特被親遇，每直入見，影斜方出。當時王侯到宮，或不得進，約每以爲言。太子曰：『吾平生懶起，是卿所悉，得卿談論，然後忘寢。卿欲我夙興，可恒早入。』遷太子家令。」

二月八日作《爲齊竟陵王發講疏》（載《廣弘明集》卷一九，又見《全梁文》卷三二）。案：年月見於文中。作《爲褚炫讓吏部尚書表》（載《藝文類聚》卷四八、《初學記》卷一一，又見《全梁文》卷二七）。《南齊書・褚炫傳》：永明元年爲吏部尚書。

昉撰《爲卞彬謝修卞忠貞墓啓》（載《文選》卷三九，又見《全梁文》卷四三）。案《南齊書・武帝紀》：永明元年四月，有詔修劉秉、沈攸之墓，詔文有「魏矜袁紹，恩洽丘墓，晉亮兩王，榮覃餘裔，二代弘義，前載美談」之語，而卞壺爲西晉忠臣，亦當在旌表之列，其墓當爲是年下詔修復。

永明二年甲子（四八四）沈約四十四歲　任昉二十五歲

約以本官兼著作郎，撰次起居注（見《宋書・自序》及《梁書》本傳）。

作《到著作省表》（載《初學記》卷一二，又見《全梁文》卷三七）。

遷中書郎，本邑中正，司徒右長史，黃門侍郎（《梁書》本傳）。案《南齊書・武帝紀》：「（永明）二年春正月乙亥，以……征北將軍竟陵王子良爲護軍將軍兼司徒……」又《南齊書・竟陵文宣王子良傳》：「明年（指永明二年），入爲護軍將軍，兼司徒，領兵置佐，侍中如故。」約爲司徒右長史，即竟陵王子良之右長史。

衛將軍王儉領丹陽尹，引昉爲主簿。案《梁書・任昉傳》：「永明初，衛將軍王儉領丹陽尹，復引爲主簿。儉雅欽重昉，以爲當時無輩。」又案《南史・任昉傳》：「永明初，衛將軍王儉領丹陽尹，復引爲主簿。儉每見其文，必三復殷勤，以爲當時無輩，曰：『自傅季友以來，始復見於任子。若孔門是用，其入室升堂。』於是令昉作一文，及見，曰：『正得吾腹中之欲。』乃出自作文，令昉點正，昉因定數字。儉拊几嘆曰：『後世誰知子定吾文！』其見知如此。」《梁書》及《南史》皆言「永明初」，未確言何年，檢《南齊書·王儉傳》:「永明元年，進號衛將軍，參掌選事。二年，領國子祭酒、丹陽尹、本官如故。」儉領丹陽尹在永明二年，則「永明初」當爲永明二年無疑。

遷司徒刑獄參軍，入爲尚書殿中郎。案:儉雅重昉，其又參掌選事，擢昉爲司徒刑獄參軍及尚書殿中郎當爲是年之事。

撰《別蕭諮議衍詩》(載《藝文類聚》卷二九、《古文苑》卷四、《文苑英華》卷六六)。《古文苑》署「任殿中昉」，知詩爲昉官尚書殿中郎時作;又《梁書·武帝紀》載，衍於永明初除隨王鎮西諮議參軍，二書所載恰相符合，詩當作於是年。

轉司徒竟陵王記室參軍。案前所述竟陵王子良爲司徒在是年，則昉爲其記室參軍亦當在是年。從此，沈、任二人定交。

以父憂去職。案《梁書》及《南史》都將此事繫於轉司徒竟陵王記室參軍之下，則丁父憂當爲是年事。又《南史》昉傳載，昉純孝，泣血三年，杖而後起。齊武帝謂昉伯遐曰:「聞昉哀瘠過禮，使人憂之，非直亡卿之寶，亦時才可惜，宜深相全譬。」退使進飲食，當時勉勵，回即歐出。昉父遙本性重檳榔，以爲常餌，臨終常求之，剖百許口，不得好者。昉亦所嗜好，深以爲恨，遂終身不嘗檳榔。

永明三年乙丑(四八五)沈約四十五歲　任昉二十六歲

約作《爲南郡王侍皇太子釋奠宴二首》(載《藝文類聚》卷三八、《初學記》卷一四)。案《南齊書·武帝紀》:「(永明)三年冬十月壬戌，詔曰『皇太子長懋講畢，當釋奠，王公以下可悉往觀禮。』」，昉撰《爲王金紫謝齊武帝示皇太子律序啓》(載《藝文類聚》卷五四，又見《全梁文》卷四三)。案《南齊書·王儉傳》及任昉《王文憲集序》，皆言永明三年儉領太子少傅，爲皇太子作謝啓乃太傅份內事，故此文當作於是年。

永明四年丙寅(四八六)沈約四十六歲　任昉二十七歲

約兼尚書左丞，尋爲御史中丞，轉車騎長史(《梁書》本傳)。案《南齊書·竟陵文宣王子良傳》:「(永明)四年，進號車騎將軍。」約爲子良長史，當在是年。

作《比丘尼僧敬法師碑》(載《藝文類聚》卷七六，又見《全梁文》卷三一)。案:釋寶唱《比丘尼傳·僧敬尼傳》:「永明四年二月三日卒，葬於鍾山之陽。弟子造碑，中書侍郎吳興沈約製其文焉。」

作《綉佛贊》（載《廣弘明集》卷一六，又見《全梁文》卷三〇），案作贊時日見於序文。

永明五年丁卯（四八七）沈約四十七歲　任昉二十八歲

春，約被敕撰《宋書》（見《宋書・自序》）。案《南齊書・王智深傳》：「世祖使太子家令沈約撰《宋書》，擬立袁粲傳，以審世祖，世祖曰：『袁粲自是宋家忠臣。』又多載孝武、明帝諸鄙瀆事，上遣左右謂約曰：『孝武事蹟不容頓爾。我昔經事宋明帝，卿可思諱惡之義。』於是多所省除。」

與蕭衍、謝朓、王融、蕭琛、范雲、任昉、陸倕等並遊竟陵文宣王西邸。案《南齊書・竟陵文宣王子良傳》：「（永明）五年，正位司徒，給班劍二十人，侍中如故。移居鷄籠山邸，集學士抄《五經》、百家，依《皇覽》例爲《四部要略》千卷。」又案《梁書・武帝紀》：「竟陵王子良開西邸，招文學，高祖（案指蕭衍）與沈約、謝朓、王融、蕭琛、范雲、任昉、陸倕等並遊焉，號曰『八友』。」《梁書・沈約傳》云：「時竟陵王亦招士，約與蘭陵蕭琛、琅邪王融、陳郡謝朓、南鄉范雲、樂安任昉等皆遊焉，當世號爲得人。」

作《晉安王謝南兗州章》（載《初學記》卷一〇，又見《全梁文》卷二七）。

作《爲安陸王謝荆州章》（載《初學記》卷一〇，又見《全梁文》卷二七）。案《南齊書・武帝紀》：永明五年正月戊子，安陸王子敬爲荆州刺史、征虜將軍，晉安王子懋爲南兗州刺史。與《南齊書》子敬、子懋傳所載相同。此二篇必皆作於是年。

作《形神論》（載《廣弘明集》卷二二，又見《全梁文》卷二九），作《神不滅論》（載《廣弘明集》卷二二，又見《全梁文》卷二九），作《難范縝〈神滅論〉》（載《廣弘明集》卷二二，又見《全梁文》卷二九）三文。案《梁書・范縝傳》：「竟陵王子良盛招賓客，縝亦預焉。」又云：「在齊世嘗侍竟陵王子良，子良精信釋教，而縝盛稱無佛……縝退論其理，著《神滅論》。」據此可知，約撰此三文，是對縝之《神滅論》而發。

作《與范述曾論竟陵王賦書》（載《藝文類聚》卷五八、《初學記》卷二一，又見《全梁文》卷二八）。案《梁書・范述曾傳》：「（述曾）在宮，多所諫爭，太子雖不能全用，然亦弗之罪也。竟陵王深相器重，號爲『周舍』。時太子左衛率沈約亦以述曾方汲黯。」由此知述曾與約並官東宮，同遊西邸，則與述曾論竟陵王賦，亦當在此時。

作《謝竟陵王教撰高士傳啓》（載《藝文類聚》卷三七，又見《全梁文》

卷二八)，作《謝齊竟陵王示永明樂歌啓》(載《藝文類聚》卷四三，又見《全梁文》卷二八)，作《謝司徒賜北蘇啓》(載《藝文類聚》卷七二，又見《全梁文》卷二八)。作《和竟陵王遊仙詩二首》(載《藝文類聚》卷七八)，作《和竟陵王鈔書詩》(載《初學記》卷一二)，作《奉和竟陵王郡縣名詩》(載《藝文類聚》卷五六)，作《奉和竟陵王藥名詩》(載《藝文類聚》卷五六)。以上詩文，蓋爲是年所作，今繫於此。

昉是年丁父憂服除，復遭母憂。案昉以永明二年丁父憂去職，三年服闋，時當爲永明五年，其父憂服除當在是年。《梁書》本傳謂其續遭母憂，《南史》本傳謂其遭繼母憂。《儀禮・喪服》云：「繼母如母。(子夏)傳曰：『繼母何以如母？繼母之配父，與因母同，故孝子不敢殊也。』……若是，則生養之，終其身如母，死則喪之三年如母，貴父之命也。」據此可知昉無論居母喪或繼母喪，時亦爲三年，至永明八年方服闋。又案《南史》本傳載，昉先以毀瘠，每一慟絕，良久乃蘇，因廬於墓側，以終喪禮。哭泣之地，草不爲生。昉素強壯，腰帶至充，服闋後不復可識。

作《爲庾杲之與劉居士虯書》(載《藝文類聚》卷三七，又見《全梁文》卷四三)。案《南齊書・劉虯傳》，糾字靈預，南陽舊族，仕宋至晉平王驃騎記室，當陽令。後罷官歸家，好黃老之術。齊室屢徵不就，竟陵王子良致書通意，虯婉言謝絕。又《南齊書・庾杲之傳》云：「永明中，諸王年少，不得妄與人接，敕杲之與濟陽江淹五日一詣諸王，使申遊好。」子良延納劉虯不就，遂示杲之致書招之，而昉其時正在竟陵王西邸，遂代庾杲之作此書。書中有云：「司徒竟陵王懋於神者，言象所絕，接乎士者，遐邇所宗……君王卜居郊郭，縈帶川阜……致吾子於西山，豈不盛歟！」

劉杳生。案《梁書・劉杳傳》：大同二年卒，年五十。

永明六年戊辰(四八八)沈約四十八歲　任昉二十九歲

二月，約撰《宋書》成，表上之。案《宋書・自序》：「五年春，又被敕撰《宋書》，六年二月畢功，表上之。」

約官中書郎，作《薦沈驎士義行表》(載《南齊書・沈驎士傳》，又見《全梁文》卷二七)。案《南齊書・沈驎士傳》：「永明六年，吏部郎沈淵、中書郎沈約，又表薦驎士義行。」

九月，作《從齊武帝琅邪城講武應詔詩》(載《文苑英華》卷二九九)。案《南齊書・武帝紀》：「(永明)六年九月壬寅，車駕幸琅邪城講武，習水步兵。」

作《湘州枳園寺刹下石記》（載《廣弘明集》卷一六，又見《全梁文》卷三〇）。案作記年月載於文中，此不贅述。

作《答沈驎士書》（載《藝文類聚》卷三七，又見《全梁文》卷二八）。案《南史·沈麟士傳》（《南史》「驎」作「麟」，今從《南齊書》）：「永明中，中書郎沈約表薦之，徵皆不就，乃與約書曰」云云，此蓋約答驎士書也。書中有云：「尊賢拔俗，遙然沈冥，自遠幽貞之操，義高篆策。雖蔣詡不窺城市，鄭眞名動京師，何遠之有？」

永明七年己巳（四八九）沈約四十九歲　任昉三十歲

約作《齊臨川王行狀》（載《藝文類聚》卷四五，又見《全梁文》卷三一）。案《南齊書·臨川獻王映傳》：「（永明）七年，薨。」

作《齊太尉文憲王公墓誌銘》（載《藝文類聚》卷四六、《初學記》卷一一，又見《全梁文》卷三〇）。案《南齊書·王儉傳》：「（永明）七年……改領中書監，參掌選事。其年疾，上親臨視，薨，年三十八。」

作《奏彈孔稚珪違制啓假事》（載《初學記》卷二〇，又見《全梁文》卷二七）。案奏彈有云：「謹案廷尉會稽品中正臣稚珪」云云，《南齊書·孔稚珪傳》：永明七年，轉太子中庶子、廷尉。約是時當爲御史中丞。

作《瑞石像銘》（載《廣弘明集》卷一六，又見《全梁文》卷三〇）。銘文中有「維永明七年某月，爰有祥石，眇發天津，浮海因潮，翻流回至」云云，可定此銘爲是年所作。

昉作《王文憲集序》（載《文選》卷四六、《藝文類聚》卷五五，又見《全梁文》卷四四）。案昉素爲儉所知重，故於《序》末特云：「昉嘗以筆札見知，思以薄技效德，是用綴緝遺文，永貽世範。」此文雖名爲「集序」，「直是一篇四六行狀」（何焯《義門讀書記》卷四九）。

作《啓蕭太傅固辭奪禮》（載《文選》卷三九，又見《全梁文》卷四三）。案李善於題下引劉璠《梁典》云：「昉時爲尚書殿中郎，父憂去職，居喪，不知鹽味。冬月單衫，廬於墓側。齊明作相，乃起爲建武將軍驃騎記室，再三固辭，帝見其辭切，亦不能奪。」又《南齊書·明帝紀》載，鸞於永明七年拜尚書左僕射，則鸞起昉爲建武將軍驃騎記室當在是年，昉作啓固辭，亦當是年事也。

作《求爲劉瓛立館啓》（載《藝文類聚》卷三八，又見《全梁文》卷四三）。

案《南齊書・劉瓛傳》:「(永明)七年,表世祖爲瓛立館。」

永明八年庚午(四九〇)沈約五十歲　任昉三十一歲

約仍官給事黃門侍郎,兼御史中丞、吳興中正。

作《奏彈王源》(載《文選》卷四〇,又見《全梁文》卷二七)。案李善注引吳均《齊春秋》云:「永明八年,沈約爲中丞。」奏彈有云:「給事黃門侍郎兼御史中丞吳興邑中正臣沈約稽首言……風聞東海王源,嫁女與富陽滿氏……而託姻結好,唯利是求……此風弗剪,其源遂開,點世塵家,將被比屋。宜置以明科,黜之流伍……請以見事免源所居官,禁錮終身。」

昉服除,拜太子步兵校尉,管東宮書記。案永明五年昉復遭母喪,三年服闋,當是永明八年,故《梁書》本傳謂其服闋拜太子步兵校尉、管東宮書記當爲是年事。《南史》本傳云「齊明帝深加器異,欲大相擢引,爲愛憎所白,乃除太子步兵校尉,掌東宮書記。」

拜尚書殿中郎,與宗夬同接魏使。案《梁書・宗夬傳》:「永明中,敕夬與尚書殿中郎任昉同接魏使,皆時選也。」《資治通鑒》卷一三六《齊紀》二:「(永明七年)八月乙亥,(魏)遣兼員外散騎常侍邢產等來聘。」又《通鑒》卷一三七《齊紀》三:「(永明八年四月)甲午,魏遣兼員外散騎常侍邢產等來聘。」魏於永明七、八兩年皆遣使聘於齊,昉八年服除方得與於此事,則《梁書・宗夬傳》之「永明中」,當是永明八年。

作《爲齊竟陵王世子臨會稽郡教》(載《藝文類聚》卷五〇,又見《全梁文》卷四二)。案《南齊書・蕭昭冑傳》,昭冑乃子良之子,字景胤,永明八年,以竟陵王世子爲寧朔將軍、會稽太守,此文當昉爲世子臨會稽郡時所作,其作於是年無疑。

永明九年辛未(四九一)沈約五十一歲　任昉三十二歲

春,約作《餞謝文學》詩(載《謝宣城集》卷九、《古文苑》卷九、《文苑英華》卷二六六,《藝文類聚》卷二九有節錄)。案《南齊書・武帝紀》:永明八年八月壬辰,以左衛將軍隨郡王子隆爲荆州刺史。《南齊書・隨王子隆傳》:永明九年親府州事。則子隆九年赴荆州,謝朓隨隨王赴荆州鎮,在是年(詳《謝朓事蹟詩文繫年》,載《謝宣城集校注》,上海古籍出版社,一九九一),沈約之詩,亦當作於此時。同賦者,有虞炎、范雲、王融、蕭琛、劉繪。約贈詩有云:「漢池水如帶,巫山雲似蓋;瀄汨背吳潮,潺湲横楚瀨。」虞炎贈詩有云:

「差池燕始飛，冪歷草初輝。」朓答云：「望望荆臺下，歸夢相思夕。」

作《傷庾杲之》（載《藝文類聚》卷三四、《文苑英華》卷三〇一）。案《南齊書・庾杲之傳》：永明九年卒，年五十一。

作《齊司空柳世隆行狀》（載《藝文類聚》卷四七，又見《全梁文》卷三一）。《南齊書・柳世隆傳》：永明九年卒，時年五十。

約與昉讀劉之遴《對策》而異之。案《梁書・劉之遴傳》：「之遴八歲能屬文，十五舉茂才，對策，沈約、任昉見而異之。」之遴太清二年卒，時年七十二。是歲正年十五（見《梁書》本傳）。

昉作《爲褚諮議蓁讓代兄襲封表》（載《文選》卷三八，《藝文類聚》卷五一，又見《全梁文》卷四二）。

作《又爲褚諮議蓁讓代兄襲封表》（載《藝文類聚》卷五一，又見《全梁文》卷四二）。案《南齊書・褚蓁傳》：永明八年，蓁改封巴東郡侯，明年，表讓封還兄賁子霽，詔許之。

永明十年壬申（四九二）沈約五十二歲　任昉三十三歲

大司馬豫章王嶷卒（見《南齊書・武帝紀》）。樂藹致書沈約，請撰豫章王碑。案《南齊書・豫章文獻王傳》：永明十年薨，年四十九。嶷卒後，樂藹與右率沈約書，書中有云：「斯文之託，歷選惟疑，必待文蔚辭宗，德僉茂履，非高明而誰？」（文載《南齊書・豫章文獻王傳》）。

約作《答樂藹書》（載《南齊書・豫章文獻王傳》，又見《全梁文》卷二八）。

作《齊丞相豫章文憲王碑》（載《藝文類聚》卷四五，又見《全梁文》卷三一）。

作《冬節後至丞相第詣世子車中作》詩（載《文選》卷三〇、《藝文類聚》卷三四、《古今歲時雜咏》卷三九）。

表薦杜京產。案《南齊書・杜京產傳》：永明十年，稚珪及光祿大夫陸澄、祠部尚書虞悰、太子右率沈約、司徒右長史張融，表薦京產。

永明十一年癸酉（公元四九三年）沈約五十三歲　任昉三十四歲

七月，齊武帝賾殂，太孫昭業立，以竟陵王子良爲太傅（見《南齊書》之《武帝紀》及《子良傳》）。

王智深撰《宋紀》成。案《南齊書・王智深傳》：世祖使太子家令沈約撰《宋書》，又敕智深撰《宋紀》，書成三十卷。世祖後令拜表奏上，表未奏而世祖崩。

約作《齊武帝謚議》（載《藝文類聚》卷一四，又見《全梁文》卷二八）。案《南齊書・武帝紀》：永明十一年七月戊寅崩，年五十四，九月丙寅，葬景安陵。

作《奏彈秘書郎蕭遙昌》（載《初學記》卷一二，又見《全梁文》卷二七）。案《南齊書・蕭遙昌傳》：「解褐秘書郎，太孫舍人，給事中，秘書丞。延興元年，除黃門侍郎，未拜。」據此，知遙昌官秘書郎在延興元年以前。又案《南齊書・武帝紀》：（永明）十一年春正月丙子，皇太子長懋薨。四月壬午，詔「東宮文武臣僚，可悉爲太子孫官舍」。甲午，立皇太孫昭業。則遙昌爲太孫舍人在永明十一年四月以後，約之此文，當撰於四月以前。

作《奏彈太子中舍人王僧祐》（載《南史・王僧祐傳》，又見《全梁文》卷二七）。案《南齊書・王僧祐傳》：「永明末，爲太子中舍人，在直屬疾，代人未至，僧祐委出，爲有司所奏，贖論。」又案《南史・王僧祐傳》：「永明末，爲太子中舍人，在直屬疾，不待對人輒去。中丞沈約彈之云：『肆情運氣，不顧朝典，揚眉闊步，直轡高驅。』坐贖論。」史傳但云「永明末」，未確指何年，今姑繫此。

作《奏彈奉朝請王希聃違假》（載《初學記》卷二〇，又見《全梁文》卷二七）。

作《奏彈御史孔橐題省壁悖慢事》（載《初學記》卷二四，又見《全梁文》卷二七）。此二篇當作於官御史中丞時，今姑繫於此。

作《傷胡諧之》詩（載《藝文類聚》卷三四、《文苑英華》卷三〇一）。案《南齊書・胡諧之傳》：永明十一年卒，年五十一。

約與謝朓、王融、周顒等共創「永明體」。案《南齊書・陸厥傳》：「永明末，盛爲文章。吳興沈約、陳郡謝朓、琅琊王融以氣類相推轂。汝南周顒善識聲韻。約等文皆用宮商，以平上去入爲四聲，以此製韻，不可增減，世呼爲『永明體』。」

作《答陸厥書》（載《南齊書・陸厥傳》，又見《全梁文》卷二八）。《南齊書・陸厥傳》載，沈約於《宋書・謝靈運傳》後又論宮商，厥與約書，約又答之。史傳但言「永明末」，今姑繫此。

齊鬱林王隆昌元年、海陵王延興元年、明帝建武元年甲戌（四九四）沈約五十四歲　任昉三十五歲

春正月，約作《勸農訪民所疾苦詔》（載《南齊書・鬱林王紀》、《文苑英華》卷四六二，又見《全梁文》卷二六）。案《南齊書・鬱林王傳》：「（隆昌元年春正月）辛亥，車駕祠南郊。詔曰」云云。

除吏部郎，出爲寧朔將軍、東陽太守（見《梁書》本傳）。

案本傳又載約與徐勉書云：「永明末，出守東陽，意存止足。」其不言隆昌而言「永明末」者，蓋鬱林王昭業、海陵王昭文並爲廢帝故也。

約携釋慧約同赴郡。案釋道宣《續高僧傳・釋慧約傳》云：「少傅沈約，隆昌中外任，携與同行。」案《慧約傳》，慧約東陽烏場人也。

作《早發定山》詩（載《文選》卷二七）。李善注云：「《梁書》曰：『約爲東陽太守。』然定山，東陽道之所經也。」詩有「忘歸屬蘭杜，懷祿寄芳荃」之句，爲初赴郡時所作甚明。東陽即今浙江省金華市。

作《新安江水至清淺深見底貽京邑遊好》詩（載《文選》卷二七、《藝文類聚》卷八、《文苑英華》卷一六二）。案李善注引《十洲記》云：「桐廬縣新安、東陽二水合於此，仍東流爲浙江。」此詩亦當爲東陽太守時作。

作《贈沈錄事江水曹二大使》詩（載《文館詞林》卷一五八），題下注云；「東陽郡時。」

作《贈劉南郡季連》詩（載《文館詞林》卷一五八）。題下注云：「東陽郡時。」

作《與陶弘景書》（載《藝文類聚》卷七八，又見《全梁文》卷二八）。案《梁書・陶弘景傳》：「陶弘景字通明，丹陽秣陵人也……未弱冠，齊高帝作相，引爲諸王侍讀，除奉朝請……永明十年，上表辭祿，詔許之……於是止於句容之句曲山。恒曰：『此山下是第八洞官，名金壇華陽之天，周回一百五十里。昔漢有咸陽三茅君得道，來掌此山，故謂之茅山。』乃中山立館，自號華陽隱居。始從東陽孫遊岳受符圖經法。遍歷名山，尋訪仙藥。每經澗谷，必坐卧其間，吟咏盤桓，不能已已。時沈約爲東陽郡守，高其志節，累書要之，不至。」

王融卒。案《南齊書・王融傳》：「鬱林深忿疾融，即位十餘日，收下廷尉獄……詔於獄賜死。時年二十七。」

作《傷王融》詩（載《藝文類聚》卷三四、《初學記》卷一一、《文苑英華》卷三〇一）。

明帝即位，約進號輔國將軍，徵爲五兵尚書（見《梁書》本傳）。

作《賀齊明帝登祚啓》(載《藝文類聚》卷一四，又見《全梁文》卷二八)。案《南齊書・明帝紀》:「建武元年冬十月癸亥，即皇帝位。」

作《讓五兵尚書表》(載《藝文類聚》卷四八，又見《全梁文》卷二七)。

作《齊故安陸昭王碑》(載《文選》卷五九、《藝文類聚》卷四五，又見《全梁文》卷三一)。案昭王即蕭緬，據《南齊書》之《明帝紀》及緬本傳，緬卒於永明九年，建武元年十月丁卯追贈爲侍中司徒、安陸王。碑文有云:「改贈司徒，因謚爲昭王，禮也。」

昉作《爲齊明帝讓宣城郡公第一表》(載《文選》卷三八、《梁書・任昉傳》、《藝文類聚》卷五一，又見《全梁文》卷四二)。案《南齊書・明帝紀》:「隆昌元年，即本號爲大將軍，給鼓吹一部，親兵五百人。尋又加中書監、開府儀同三司。鬱林王廢，海陵王立，爲使持節、都督揚南徐二州軍事、驃騎大將軍、錄尚書事、揚州刺史、開府如故，增班劍爲三十人，封宣城郡公，二千戶。」《梁書・任昉傳》載，鸞使昉具表草，惡其辭斥，甚愠，昉由是終建武中，位不過列校。

作《齊竟陵文宣王行狀》(載《文選》卷六〇、《藝文類聚》卷四五，又見《全梁文》卷四四)。案《南齊書・鬱林王傳》:隆昌元年夏四月戊子，太傅竟陵王子良薨。

作《爲蕭揚州薦士表》(載《文選》卷三八，又見《全梁文》卷四二)。李善於題下引劉璠《梁典》云:「齊建武初，有詔舉士，始安王表薦琅邪王暕及王僧孺。」《南齊書》之《明帝紀》及《蕭遙光傳》，皆云建武元年十一月，以始安王遙光爲揚州刺史。此表當作於是時也。

與沈約、范雲等命駕造劉孝綽。案《南史・劉孝綽傳》:「父繪，齊時掌詔誥，孝綽時年十四，繪常使代草之。父黨沈約、任昉、范雲等聞其名，命駕造焉，昉尤賞好。」又案《梁書・劉孝綽傳》，孝綽「大同五年卒官，時年五十九」。年十四，正建武元年也。

建武二年乙亥(四九五)沈約五十歲　任昉三十六歲

約仍官東陽太守。案約《去東陽與吏民別》詩有云:「下車如昨日，曳組忽彌期。霜載雕秋草，風三動春旗。」是約爲東陽太守歷時三春也。

作《授王績蔡約王師制》(載《文苑英華》卷四〇五，又見《全梁文》卷二六)。案《南齊書・蔡約傳》:「建武元年，遷侍中。明年，遷西陽王撫軍長史，加冠軍將軍，徙廬陵王右軍長史，將軍如故。轉都官尚書，遷邵陵王師，加給事中，江夏王車騎長史，加征虜將軍，並不拜。」又案《南齊書·王績傳》:「隆昌元年，遷輔國將軍、太傅長史，不拜。仍爲冠軍將軍、豫章內史。進號征虜。又坐事免官。除冠軍將軍、司徒左長史、散騎常侍、隨王師。」《蔡約傳》謂其爲邵陵王師在建武二年，而《王績傳》記爲隨王師則繫於隆昌元年後，未詳年月。檢《南齊書·邵陵王寶攸傳》:「建武元年，封南平郡王。二年，改封。三年，爲北中郎將，鎮琅邪城。」《南齊書·明帝紀》:「(建武二年)九月己丑，改封南平王寶攸爲邵陵王。」寶攸之封邵陵王，在建武二年九月以後，而三年則出鎮石頭矣。故蔡約之爲邵陵王師，當在建武二年九月以後。又《南齊書·和帝紀》:「建武元年，封隨郡王，邑二千戶。三年，爲冠軍將軍，領石頭戍軍事。」又《南齊書·明帝紀》:「(建武元年十一月庚辰)寶融爲隨郡王。」寶融爲隨郡王，當在建武元年十一月以後，三年以前。則蔡約、王績同時爲王師，時當在二年與三年之間，今繫於此。

作《酬謝宣城朓》詩(載《文選》卷三〇、《謝宣城集》卷四、《藝文類聚》卷三一、《文苑英華》卷二四〇)。案謝朓《酬德賦序》(《謝宣城集》卷一，又略見《藝文類聚》卷三三)云:「右衛沈侯以冠世偉才，眷予以國士。以建武二年，予將南牧，見贈五言。」

作《登玄暢樓》詩(載《藝文類聚》卷六三、《初學記》卷二四、《文苑英華》卷三一一)。作《八咏詩》。案《明一統志》卷四二浙江金華府:「宮室:八咏樓，在府治西南隅，舊名玄暢樓，南齊太守沈約建。有《登臺望秋月》(載《玉臺新詠》卷九、《藝文類聚》卷一、《文苑英華》卷一五一)，《會圃臨春風》(載《玉臺新詠》卷九、《藝文類聚》卷一、《文苑英華》卷一五六)，《歲暮愍衰草》(載《玉臺新詠》卷九、《藝文類聚》卷八一)，《霜來悲落桐》(載《玉臺新詠》卷九、《藝文類聚》卷八八)，《夕行聞夜鶴》(載《玉臺新詠》卷九，《藝文類聚》卷九〇)，《晨征聽曉鴻》(載《玉臺新詠》卷九，《藝文類聚》卷九〇)、《解佩去朝市》(載《玉臺新詠》卷九)、《被褐守山東》(載《玉臺新詠》卷九、《藝文類聚》卷三六，《文苑英華》卷一六〇)八咏詩。」案《八咏詩》恐非一時之作，但作於官東陽太守時無疑，今姑繫此。

作《遊金華山》詩(載《藝文類聚》卷七、《文苑英華》卷一五九)。案《太平寰宇記》卷九七婺州金華縣:「長山，在縣南二十里，一名金華山，即黃初平、初起遇道士教以仙方處。」

作《赤松澗》詩(載《藝文類聚》卷七八)。案《太平寰宇記》卷九七金華縣：「赤松子遊金華山，以火自燒而化，故山上有赤松之祠，澗自山而出，故曰赤松澗。」

作《泛永康江》詩（載《藝文類聚》卷八、《文苑英華》卷一六二）。案永康縣屬婺州（見《元和郡縣圖志》卷二六江南道二婺州及《太平寰宇記》卷九七婺州），婺州齊梁時爲東陽郡，舊有永康江流經縣境。

作《役朱方道路》詩（載《初學記》卷二四）。

作《留眞人東山還》詩（載《藝文類聚》卷七、《文苑英華》卷一六〇）。

以上諸詩，當作於官東陽太守時，今姑繫於此。

作《贈留眞人祖父教》（載《文館詞林》卷六九九）。此文之作，當約與《留眞人東山還》詩之作同時，今亦姑繫於此。

建武三年丙子（四九六）沈約五十六歲　任昉三十七歲

仍官東陽太守。

案沈約《去東陽與吏民別》詩有云：「下車如昨日，曳組忽彌期。霜載凋秋草，風三動春旗。」知其在東陽曆三春，則是年仍官東陽太守也。又案《南齊書・五行志》：「建武三年，大鳥集東陽郡，太守沈約表云：『鳥身備五采，赤色居多。』」此又其官東陽太守之明證矣。

作《與東陽吏民別》詩（載《藝文類聚》卷五〇）。

約携釋慧約出都。案釋道宣《續高僧傳・釋慧約傳》云：「及沈侯罷郡，相携出都，還任本寺。恭事勤肅，禮敬彌隆。文章往復，相繼晷漏。以沈詞藻之盛，秀出當時，臨官莅職，必同居府舍，率意往來，未嘗以朱門蓬戶爲隔。齊建武中謂沈曰：『貧道昔爲王、褚二公供養，遂居令僕之省。檀越爲之，當復入地矣。』」

昉作《爲蕭侍中拜襲封表》（載《藝文類聚》卷五〇，又見《全梁文》卷四二）。案《南齊書・蕭昭胄傳》：建武三年，復爲侍中，領驍騎將軍，轉散騎常侍、太常，以封境邊虜，後改封巴陵王。

建武四年丁丑（四九七）沈約五十七歲　任昉三十八歲

約遷國子祭酒。案《梁書》本傳云：「明帝即位，進號輔國將軍，徵爲五兵尚書，遷國子祭酒。」約遷國子祭酒在明帝世也。

作《釋法獻碑文》（佚）。案《高僧傳・釋法獻傳》：「獻以建武末年卒，與（玄）暢同窆於鍾山之陽。獻弟子僧祐爲造碑墓側，丹陽尹吳興沈約製文。」今姑繫於此。

昉作《爲王思遠讓侍中表》(載《藝文類聚》卷四八,《初學記》卷一二節引,又見《全梁文》卷四二)。案《南齊書・明帝紀》云,建武四年,尙書令王晏伏誅。《南齊書・王思遠傳》,晏既誅,遷思遠爲侍中。此表當作於是時。

作《爲范始興作求立太宰碑表》(載《文選》卷三八,又見《全梁文》卷四二)。案《南齊書・竟陵文宣王子良傳》:「建武中,太傅、竟陵王子良卒,故吏范雲求立碑,事不行。」建武共四年,子良以建武元年卒,求立碑事當在此四年中,究係何年,尙待作進一步考定,今姑繫於此。

作《弔樂永世書》(載《藝文類聚》卷三四,又見《全梁文》卷四三)。案《南齊書・樂預傳》,預建武中爲永世令,民懷其德,卒官。又案《南史・樂預傳》載:時一老嫗,年可六七十,擔槲蔌葉造市貨之,聞預亡,大泣,棄葉溪中,曰:「失樂令,我輩孤獨老姥應就死耳。」市人亦皆泣,其惠化如此。此文寫作之確切時間亦尙待考,今姑繫此。

張融卒。案《南齊書・張融傳》:建武四年卒,年五十四。

永泰元年戊寅(四九八)沈約五十八歲　任昉三十九歲

約仍官國子祭酒。

約與謝朓等問崔慰祖地理中不悉十餘事。案《南齊書・崔慰祖傳》:「國子祭酒沈約、吏部郎謝朓嘗於吏部省中賓友俱集,各問慰祖地理中所不悉十餘事,慰祖口吃,無華辭,而酬據精悉,一座稱服之。」案是年謝朓官吏部郎(《南齊書・謝朓傳》:「啓王敬則反謀,上甚嘉賞之,遷尙書吏部郎。」而王敬則反則在永泰元年,詳《南齊書・王敬則傳》)。據此,知約是年仍官國子祭酒。

作《學省愁卧》詩(載《文選》卷三〇)。李善注云:「學省,國學也。《梁書》曰:『齊明帝即位,約遷國子祭酒。」

論朓授官上表三讓事。案《南齊書・謝朓傳》:「(朓)啓王敬則反謀,上甚嘉賞之,遷尙書吏部郎。朓上表三讓,中書疑朓官未及讓,以問祭酒沈約。約曰:『宋元嘉中,范曄讓吏部,朱修之讓黃門,蔡興宗讓中書,並三表詔答,具事宛然。近世小官不讓,遂成恒俗,恐此有乖讓意。王藍田、劉安西并貴重,初自不讓,今豈可慕此不讓邪?孫興公、孔覬并讓記室,今豈可三署皆讓邪?謝吏部今授超階,讓別有意,豈關官之大小?撝讓之美,本出人情。若大官必讓,便與詣闕章表不異。例既如此,謂都自非疑。」,此又約仍官國子祭酒之一證也。

作《封左興盛等制》（載《文苑英華》卷四一六，又見《全梁文》卷二六）。案《南齊書・明帝紀》：永泰元年夏四月丁卯，大司馬會稽太守王敬則舉兵反。五月乙酉，斬敬則傳首。又案《南齊書・王敬則傳》：「（永泰元年）封左興盛新吳縣男，崔恭祖遂興縣男，劉山陽湘陰縣男，胡松沙陽縣男，各四百戶，賞平敬則也。」

作《授李居壬等制》（載《文苑英華》卷四一六，又見《全梁文》卷二六）。案《南齊書》之《東昏侯紀》及《崔慧景傳》作「李居士」。又制文中有云：「新除太子左衛率軍主李居壬……新除太子右衛率軍主潮（《南齊書》作沙）陽縣開國男胡松……」據此知胡松與李居壬同封，故姑繫於此。

作《封申希祖詔》（載《文苑英華》卷四一六，又見《全梁文》卷二六）。案詔文中有云：「逮獯獫侵斥，武節飆騰，殘寇外殄，危城獨困，休庸茂績，朕有嘉焉。」當指平王敬則也，今亦姑繫於此。

與始安王遙光等奏論河東王鉉。案《南齊書・河東王鉉傳》：「永泰元年，上疾暴甚，遂害鉉，時年十九。二子在孩抱，亦見殺。太祖諸王，鉉獨無後，眾竊冤之。乃使揚州刺史始安王遙光，臨川王子晉，竟陵王昭冑，太尉陳顯達，尚書令徐孝嗣，右僕射沈文季，尚書沈淵、沈約、王亮奏論鉉，帝答不許，再奏，乃從之。」

七月，明帝殂，作《爲齊明帝遺詔》（載《南齊書・明帝紀》，又見《全梁文》卷二六）。案《南齊書・明帝紀》：「秋七月……帝崩於正福殿，年四十七。」又案《梁書・沈約傳》：「明帝崩，政歸冢宰，尚書令徐孝嗣使約撰定遺詔。」

作《齊明帝謚議》（載《藝文類聚》卷一四，又見《全梁文》卷二八）。

作《齊明帝哀策文》（載《藝文類聚》卷一四，又見《全梁文》卷三〇）。

遷左衛將軍，尋加通直散騎常侍（《梁書》本傳）。

昉遷中書侍郎。案《梁書・任昉傳》：「明帝崩，遷中書侍郎。」

作《齊明帝謚議》（載《藝文類聚》卷一四，又見《全梁文》卷四三）。案：此文當作於明帝崩時。

與張率定交。案《梁書・張率傳》：「建武三年舉秀才，除太子舍人，與同郡陸倕，幼相友狎。常同載詣左衛將軍沈約，適值任昉在焉。約乃謂昉曰：『此二子後進才秀，皆南金也，卿可與定交。』由此與昉友善。」案昉與倕相識，當早在永明五年竟陵王子良開西邸延士之時，《梁書・陸倕傳》:「刺史竟陵王開西邸延英俊，倕亦與焉。」此言定交，當謂與張率定交也，昉與倕相友善，非始於今日。

齊東昏侯永元元年己卯（四九九）沈約五十九歲任昉　四十歲

約仍官左衛將軍加通直散騎常侍。《梁書》本傳云:「明帝崩……遷左衛將軍，尋加通直散騎常侍。永元二年，以母老表求解職。」由此，知至永元二年，約仍官舊職。作《臨川王子晉南康侯子恪遷授詔》(載《文苑英華》卷三八〇，又見《全梁文》卷二六)。案《梁書・蕭子恪傳》:「東昏侯即位，俄爲侍中。」詔文有云:「子恪可侍中，王侯並如故。」

謝朓下獄死（見《南齊書・謝朓傳》)。

約作《傷謝朓》詩（載《文苑英華》卷三〇一)。

作《南郊赦詔》(載《初學記》卷二〇、《文苑英華》卷四二四，又見《全梁文》卷二六)。案《南齊書・東昏侯紀》:「(永元元年春正月）辛卯，車駕南郊。詔三品清資官以上應食祿者，有二親或祖父母年登七十，並給見錢。」

四月，作《立太子赦詔》(載《文苑英華》卷四三二，又見《全梁文》卷二七)。案《南齊書・東昏侯紀》:「(永元元年）夏四月己巳，立皇太子誦，大赦，賜民爲父後爵一級。」與詔文同。

九月，作《赦詔》(載《文苑英華》卷四三一，又見《全梁文》卷二六)。案《南齊書・東昏侯紀》:「(永元元年九月）壬戌，以頻誅大臣，大赦天下。」詔文有云:「至於股肱宗戚，情委特隆，垂拱責成，緝熙是寄。而各包藏禍心，規縱醜逆……宗廟事重，不得不垂涕行戮，以義斷恩」云云。

十月，作《封徐世檦詔》(載《文苑英華》卷四一六，又見《全梁文》卷二六)。案《南齊書・東昏侯紀》:「初任新蔡人徐世檦爲直閤驍騎將軍，凡有殺戮，皆其用命。殺徐孝嗣後，封爲臨汝縣子。」又案《東昏侯紀》云:「(永元元年）冬十月乙未，誅尚書令新除司空徐孝嗣。」殺徐孝嗣在冬十月，則徐世檦之封，亦當在此時也。

十一月，陳顯達致朝貴書。案《南齊書・東昏侯紀》:「(永元元年）冬十一月丙辰，太尉江州刺史陳顯達舉兵於尋陽。」又《南齊書・陳顯達傳》:「(永元元年）十一月十五日，舉兵。令長史庾弘遠、司馬徐虎龍與朝貴書。」書中有云:「蕭衛尉、蔡詹事、沈左衛，各負良家，共傷時險。先朝遺舊，志在名節，同列丹書，要同義舉。」此約仍官左衛將軍之又一明證也。

作《崔慧景加侍中詔》(載《文苑英華》卷三八〇,又見《全梁文》卷二六)。案《南齊書·崔慧景傳》:永元元年遷護軍將軍,尋加侍中。

作《沈文季加侍中詔》(載《文苑英華》卷三八〇,又見《全梁文》卷二六)。案《南齊書·沈文季傳》:永元元年轉侍中。

作《授王亮左僕射詔》(載《文苑英華》卷三八五,又見《全梁文》卷二六)。案《梁書·王亮傳》:「爲尚書右僕射、中護軍。」繫此事在建武末之後,當爲是年事。

作《王亮王瑩加授詔》(載《文苑英華》卷三八〇,又見《全梁文》卷二六)。案《梁書·王瑩傳》:「永元初……瑩從弟亮既當朝,於瑩素雖不善,時欲引與同事。遷尚書左僕射,未拜。」此加授詔,當作於是時。

作《劉暄封侯詔》(載《文苑英華》四一六,又見《全梁文》卷二六)。案《南齊書·江祏傳》:「暄字士穆,出身南陽王常侍。遙光起事,以討暄爲名。事平,暄遷領軍將軍,封平都縣侯,千戶。」又《南齊書·蕭遙光傳》,遙光以永元元年起事,同年斬首,則劉暄之封,亦當在是年。

昉作《齊司空曲江公行狀》(載《藝文類聚》卷四七,又見《全梁文》卷四四)。案《南齊書·蕭遙欣傳》,遙欣以建武中改封曲江公,永元元年卒,贈司空。此行狀當作於是年。

永元二年庚辰(五〇〇)沈約六十歲任昉　四十一歲

約表求解職,改授冠軍將軍、司徒左長史、征虜將軍,南清河太守(見《梁書》本傳)。作《大赦詔》(載《文苑英華》卷四三一,又見《全梁文》卷二六)。案《南齊書·東昏侯紀》:「(永元二年)夏四月癸酉,慧景棄眾走,斬首……(五月)壬子,大赦。」詔文有云:「凡與崔慧景協契同謀,首爲奸逆,爰及降叛,輸力盡勤……悉皆蕩滌,一無所問,凡諸反側,咸與維新,并加宣慰……惟崔慧景諸子,不在赦例」云云。此詔之作,當在是時。

作《和劉雍州繪博山香爐》詩(載《初學記》卷二五)。案《南齊書·東昏侯紀》:「(永元二年十二月)戊寅,以冠軍長史劉繪爲雍州刺史。」此詩當作於是年。

昉作《贈王僧孺》詩(載《梁書》及《南史》之《王僧孺傳》)。案《梁書·王僧孺傳》:年三十五,出爲錢塘令,任昉贈之以詩云云。又《梁書·王僧孺傳》:僧孺普通三年卒,年五十八。以此上推,年三十五時當爲齊永元二年,昉之詩當作於是年。

昉除中書郎。案《南史・任昉傳》:「昉尤長爲筆，頗慕傅亮才思無窮，當時王公表奏無不請焉。昉起草即成，不加點竄。沈約一代辭宗，深所推挹。永元中，紆意於梅蟲兒，東昏中旨用爲中書郎。」又《南齊書・東昏侯紀》:「以（永元）二年正月，遣禁兵殺之，（徐）世檦拒戰而死，自是（茹）法珍、（梅）蟲兒用事，並爲外監，口稱詔敕。」

永元三年、齊和帝中興元年辛巳（五〇一）沈約六十一歲　任昉四十二歲

朱异詣都，拜會沈約。案《梁書・朱异傳》:「（异）年二十，詣都，尚書令沈約面試之，因戲异曰:『卿年少，何乃不廉？』异逡巡未達其旨。約乃曰:『天下唯有文義棋書，卿一時將去，可謂不廉也。」又《梁書・朱异傳》，异太清二年卒，年六十七，其年二十正是年。

孔稚珪卒。《南齊書・孔稚珪傳》:「永元三年卒，年五十五。」

作《封三舍人詔》（載《文苑英華》卷四一六，又見《全梁文》卷二六）。所謂三舍人者，指輔國將軍、驍騎將軍、南高平太守兼中書通事舍人沈徽孚，給事中、驍騎將軍、臨淮太守兼中書通事舍人王咺之，寧朔將軍、南濮陽太守兼中書通事舍人裴長穆也。案《南齊書・蕭昭胄傳》:「先是王敬則事起……中書舍人沈徽孚與帝所親左右單景雋共謂少留其事」，是建武、永泰之中，沈徽孚已爲通事舍人矣。又《南齊書・東昏侯紀》:「（永元三年）三月己亥，以驃騎將軍沈徽孚爲廣州刺史。」沈徽孚之封侯，當在爲驍騎將軍之後，則當是年事也。又《南齊書・東昏侯紀》：永元二年正月，徐世檦拒戰而死，「自是法珍、蟲兒用事，並爲外監，口稱詔敕；中書舍人王咺之與相唇齒，專掌文翰。」永元二年，王咺之仍官通事舍人，與詔文相符。又案《梁書・張稷傳》:「時東昏淫虐，義師圍城已久……乃遣國子博士范雲、舍人裴長穆等使石頭城，詣高祖。」永元三年裴長穆已爲中書通事舍人，故此詔作於此時無疑也。

作《酬荆雍義士獻物者詔》（載《初學記》卷二〇，又見《全梁文》卷二六)。案《南齊書・和帝紀》:「（中興元年）夏四月戊辰，詔曰:『荆雍義舉所基，實始王迹。君子勞心，細人盡力，宜加酬獎，副其乃誠。凡東討眾軍及諸向義之眾，可普復除。』」案此與詔文文字略同，知此詔作於是時。

與范雲同心翊贊梁王。案《梁書・范雲傳》:「及義兵至京邑，雲時在城內。東昏既誅，侍中張稷使雲銜命出城，高祖因留之，使參帷幄，仍拜黃門侍郎，與約同心翊贊。」又《梁書・沈約傳》:「時高祖勳業既就，天人允屬，約嘗扣其端，高祖默而不應。他日又進曰:『今與古異，不可以淳風期萬物。

士大夫攀龍附鳳者，皆望有尺寸之功，以保其福祿。今童兒牧豎，悉知齊祚已終，莫不云明公其人也。天文人事，表革運之征，永元以來，尤爲彰著。讖云「行中水，作天子」，此又歷然在記。天心不可違，人情不可失，苟是曆數所至，雖欲謙光，亦不可得已。』高祖曰：『吾方思之。』對曰：『公初杖兵樊、沔，此時應思，今王業已就，何所復思。昔武王伐紂，始入，民便曰吾君，武王不違民意，亦無所思。公自至京邑，已移氣序，比於周武，遲速不同。若不早定大業，稽天人之望，脫有一人立異，便損威德。且人非金石，時事難保，豈可以建安之封，遺之子孫？若天子還都，公卿在位，則君臣分定，無復異心。君明於上，臣忠於下，豈復有人方更同公作賊。』高祖然之。約出，高祖召范雲告之，雲對略同約旨。高祖曰：『智者乃爾暗同，卿明早將休文更來。』雲出語約，約曰：『卿必待我。』雲許諾，而約先期入，高祖命草其事。約乃出懷中詔書并諸選置，高祖初無所改。俄而雲自外來，至殿門不得入，徘徊壽光閣外，但云『咄咄』。約出，問曰：『何以見處？』約舉手向左，雲笑曰：『不乖所望。』有頃，高祖召范雲謂曰：『生平與沈休文群居，不覺有異人處；今日才智縱横，可謂明識。』雲曰：『公今知約，不異約今知公。』高祖曰：『我起兵於今三年矣，功臣諸將，實有其勞；然成帝業者，乃卿二人也。』」

官驃騎司馬，將軍如故。案驃騎將軍者，梁王蕭衍也。《南齊書・和帝紀》：「（中興元年）十二月丙寅，建康城平。己巳，皇太后令以梁王爲大司馬、錄尚書事、驃騎大將軍、揚州刺史，封建安郡公。」又《梁書・沈約傳》：「高祖在西邸，與約遊舊，建康城平，引爲驃騎司馬，將軍如故。」作《爲梁武帝除東昏制令》（載《文館詞林》卷六九六，又見《全梁文》卷二六）。案令文有云：「猥以寡薄，屬當大寵，雖運距中興，難同草昧，思闡皇休，與之更始。凡昏制繆賦，淫刑濫役，外可詳檢前源，悉皆蕩除。」此文當作於是年。

昉拜司徒右長史。案《梁書・任昉傳》：「永元末，爲司徒右長史。」

十二月，昉爲蕭衍驃騎記室。案《梁書・武帝紀》：「（中興元年）十二月……授高祖中書監、都督揚南徐二州諸軍事，大司馬、錄尚書事、驃騎大將軍、揚州刺史，封建安郡公。」又《梁書・任昉傳》：「高祖克京邑，以昉爲驃騎記室參軍。」

與約同掌霸府文筆。案《南史・任昉傳》：，「梁武帝克建鄴，霸府初開，以昉爲驃騎記室參軍，專主文翰。每製書草，沈約輒求同署。嘗被急召，昉出而約在，是後文筆，約參製焉。」

作《到大司馬記室箋》（載《文選》卷四〇、《梁書・任昉傳》，又見《全梁文》卷四三）。案《梁書》本傳云，始衍與昉遇於竟陵王西邸，從容謂昉曰：「我登三府，當以卿爲記室。」昉亦戲之曰：「我若登三事，當以卿爲騎兵。」衍於此時故引昉符昔言焉。

作《與江革書》（載《梁書・江革傳》，又見《全梁文》卷四三）。案《梁書・江革傳》云，中興元年，蕭衍入石頭，乃使革製書與吳興太守袁昂，於坐立成，辭義典雅，高祖深賞嘆之，因令與徐勉同掌書記。時吳興沈約、樂安任昉并相賞重。昉即於此時致書與革，有云：「此段雍府妙選英才，文房之職，總卿昆季，可謂馭二龍於長途，騁騏驥於千里。」

作《檢尚書眾曹昏朝滯事令》（載《梁書・武帝紀上》、《文館詞林》卷六九五，又見《全梁文》卷五）。案《梁書・武帝紀上》載此文，繫於中興元年十二月。

作《掩骼埋胔令》（載《梁書・武帝紀上》、《文館詞林》卷六九五，又見《全梁文》卷五）。

作《葬戰亡者令》（載《文館詞林》卷六九五）。作《轉送亡軍士教》（載《文館詞林》卷六九五）。案《梁書・武帝紀上》，中興元年十二月，又下令，以義師臨陣致命及疾病死亡者，并加葬斂，收恤遺孤。此三篇當作於此時。

蕭統生。案《梁書・昭明太子傳》：「太子以齊中興元年九月生於襄陽。」

中興二年壬午（五〇二年）沈約六十二歲　任昉四十三歲

約官散騎常侍、吏部尚書，兼右僕射。案《梁書・沈約傳》：「梁臺建，爲散騎常侍、吏部尚書，兼右僕射。」又《梁書・武帝紀》：「（中興二年正月）戊戌，宣德皇后臨朝，入居內殿……詔進高祖都督中外諸軍事，劍履上殿，入朝不趨，贊拜不名。」

稱賞劉勰之《文心雕龍》。案《梁書・劉勰傳》：「（《文心雕龍》）既成，未爲時流所稱。勰自重其文，欲取定於沈約。約時貴盛，無由自達，乃負其書，候約出，干之於車前，狀若貨鬻者。約便命取讀，大重之，謂爲深得文理，常陳諸几案。」案《文心雕龍》一書，當成書於齊和帝中興一至二年間（說詳楊明照先生《文心雕龍校注拾遺》之《前言》及《梁書・劉勰傳箋注》，上海古籍出版社，一九八二），其取定於沈約，必當在成書之時，今姑繫於此。

作《齊太尉徐公墓誌》（載《藝文類聚》卷四六，又見《全梁文》卷三〇）。

案《南齊書・東昏侯紀》：永元元年冬十月乙未，誅尚書令新除司空徐孝嗣。又《南史・徐孝嗣傳》：「中興元年，和帝贈孝嗣太尉。二年，改葬，宣德皇后詔增班劍四十人……謚曰文忠。」墓誌當作於改葬時。

梁臺建，禪讓文誥，多昉所具（見《梁書》本傳）。

昉所撰文誥，有以下篇目：

正月所作者：

《封梁公詔》（載《梁書・武帝紀上》，又見《全梁文》卷四一）。案《武帝紀》繫此詔於正月戊戌。

《策梁公九錫文》（載《梁書・武帝紀上》、《南史・梁武帝紀》，又見《全梁文》卷四一）。案《武帝紀》繫此文於正月戊戌。

《爲府僚勸進梁公牋》（載《梁書・武帝紀上》、《藝文類聚》卷一四，又見《全梁文》卷四三）。案《武帝紀》繫此牋於正月。

《斷華侈令》（載《梁書・武帝紀上》、《文館詞林》卷六九五，又見《全梁文》卷四二）。案《武帝紀》繫此令於正月。

二月所作者：

《爲梁公請刊改律令表》（載《藝文類聚》卷五四，又見《全梁文》卷四二）。案《梁書・武帝紀上》：中興二年二月，府僚重請，衍於是始受相國梁公之命。

《進梁公爵爲王詔》（載《梁書・武帝紀上》，又見《全梁文》卷四一）。案《武帝紀》繫此詔於二月丙戌。

《百辟勸進今上牋》（載《文選》卷四〇、《梁書・武帝紀上》、《南史・梁武帝紀》、《藝文類聚》卷一四，又見《全梁文》卷四三）。案《武帝紀》繫此牋於二月辛酉。

《齊宣德皇后答梁王令》（載《藝文類聚》卷一四，又見《全梁文》卷四二）。

《宣德皇后敦勸梁王令》（載《文選》卷三六、《藝文類聚》卷一四，又見《全梁文》卷四二）。

《宣德皇后重敦勸梁王令》（載《藝文類聚》卷一四，又見《全梁文》卷四二）。案《文選》卷三六載《宣德皇后敦勸梁王令》一文，題略作《宣德皇后令》，李善於題下注云：「……進梁王爲相國，封十郡爲梁公，表讓不受，詔斷表；宣德皇后勸令受封。」則此三篇令文，都爲宣德皇后勸衍受封之令，而衍受封在三月癸巳，此三文當作於二月甚明。

三月所作者：

《禪位詔》（載《梁書・武帝紀上》，又見《全梁文》卷四一）。案《梁書・武帝紀上》：「（中興二年三月）丙辰，齊帝禪位於梁王。」

梁武帝天監元年壬午（五〇二年）沈約六十二歲　任昉四十三歲

夏四月，約官尚書僕射，封建昌縣侯。案《梁書・武帝紀》：天監元年夏四月丁卯，「吏部尚書沈約爲尚書僕射。」又《梁書・沈約傳》：「高祖受禪，爲尚書僕射，封建昌縣侯，邑千戶，常侍如故。又拜約母爲建昌國太夫人。奉策之日，右僕射范雲等二十餘人咸來致拜，朝野以爲榮。」

作《天監元年赦詔》（載《梁書・武帝紀中》、《文苑英華》卷四二一，又見《全梁文》卷二六）。

案《梁書・武帝紀中》：「改齊中興二年爲天監元年。」

作《梁武帝踐阼後與諸州郡敕》（載《藝文類聚》卷一四，又見《全梁文》卷二六）。

作《資給何點詔》（載《藝文類聚》卷三〇，又見《全梁文》卷二六）。案《梁書・何點傳》：「高祖與點有舊，及踐阼之後，屢徵不赴，乃復下詔，議加資給。」作《與何胤敕》（載《梁書・何胤傳》、《藝文類聚》卷三七，又見《全梁文》卷二六）。案《梁書・何胤傳》：「高祖踐阼，詔爲特進右光祿大夫。手敕曰」云云。

作《爲武帝與謝朏敕》（載《藝文類聚》卷三七，又見《全梁文》卷二六）。案《梁書・謝朏傳》「高祖踐阼，徵朏爲侍中、左光祿大夫、開府儀同三司，（何）胤散騎常侍，特進右光祿大夫，又並不屈。仍遣領軍司馬王果宣旨敦譬。」又《與何胤敕》中有云：「今遣領軍司馬王果宣旨諭意。」與朏敕當與胤敕同時由王果宣諭，故當作於此時。

作《立內職詔》（載《藝文類聚》卷一五、《初學記》卷一〇，又見《全梁文》卷二七）。

作《爲六宮拜章》（載《藝文頻聚》卷一五、《初學記》卷一〇，又見《全梁文》卷二七。）案此二篇亦當作於武帝踐阼之時，今繫於此。

作《讓僕射表》（載《藝文類聚》卷四八，又見《全梁文》卷二七）。

作《謝建昌侯表》（載《藝文類聚》卷五一，又見《全梁文》卷二七）。

作《謝母封建昌國太夫人表》（載《藝文類聚》卷五一，又見《全梁文》

卷二七)。

案以上三表,當作於四月拜尚書僕射封建昌侯之時無疑。作《高祖德皇后郗氏謚議》(載《梁書·郗皇后傳》,又見《全梁文》卷二七)。案《梁書·郗皇后傳》:「高祖踐阼,追崇爲皇后。有司議謚,吏部尚書兼右僕射臣約議曰」云云。

預華林宴,遭蕭穎達大罵。案《梁書·蕭穎達傳》:「梁受禪,出爲豫章內史,意甚憤憤,未發前,預華林宴,酒後於座辭氣不悅。沈約因勸酒,欲以釋之,穎達大罵曰:『我今日形容,正是汝老鼠所爲,何忽復勸我酒!』舉坐驚愕。」

約啓請慧約入省住。案釋道宣《續高僧傳,釋慧約傳》:「天監元年,沈爲尚書僕射,啓敕請入省住。」

作《詔答訪古樂》(載《隋書·音樂志上》,又見《全梁文》卷二六)。案《隋書·音樂志上》:「梁氏之初,樂緣齊舊,武帝思弘古樂,天監元年,遂下詔訪百僚曰……於是散騎常侍、尚書僕射沈約奏答曰」云云。

約製郊廟歌辭,造新聲詞。案《太平御覽》卷五六六《歷代樂》引《梁書》云:「武帝思弘古樂,天監元年下詔,求學術通明者,皆陳所見,時對樂者七十八家。」又云:「初,武帝之在雍鎭,有童謠云:『襄陽白銅蹄,反縛揚州兒。』識者言:『白銅謂金,蹄謂馬也;白,金色。』及義師之興,實以鐵騎,揚州之士皆面縛,果如謠言。故即位之後,更造新聲,帝自爲之詞三曲,又令沈約爲三曲以被管絃。」又案,約所製之郊廟辭及歌曲,皆存於《隋書·音樂志上》及郭茂倩《樂府詩集》之中,今不一一臚列。

與何佟之等參議五禮。案《梁書·徐勉傳》載勉普通六年《上修五禮表》有云:「天監元年,佟之啓審省置之宜,敕使外詳……於是尚書僕射沈約等參議,請五禮各置舊學士一人,人各自舉學士二人相助抄撰……尚書左丞何佟之總參其事。」又《梁書·何佟之傳》:「高祖踐阼,尊重儒術,以佟之爲尚書左丞。是時百度草創,佟之依《禮》定議,多所裨益。天監二年卒官,年五十五。」

與王瑩、柳惲等共定新律。案《梁書·武帝紀中》:「(天監元年八月)丁未,詔中書監王瑩等八人參定律令。」又《梁書·柳惲傳》:「天監元年,除長兼侍中,與僕射沈約等共定新律。」又《隋書·刑法志》:「天監元年八月……以尚書令王亮、侍中王瑩、尚書僕射沈約、吏部尚書范雲、長兼侍中柳惲、給事黃門侍郎傅昭、通直散騎常侍孔藹、御史中丞樂藹、太常丞許懋等，參議斷定，定爲二十篇。」

作《齊太尉王儉碑》（載《藝文類聚》卷四六，又見《全梁文》卷三一）。案《南齊書・王儉傳》：「今上（指梁武帝）受禪，下詔爲儉立碑，降爵爲侯，千戶。」又《梁書・王皇后傳》：后祖儉，太尉、南昌文憲公。高祖受禪，儉降封南昌縣侯，食邑千戶。碑文當作於是時。

作《丞相長沙宣武王墓誌銘》（載《藝文類聚》卷四五，又見《全梁文》卷三〇）。案《梁書・長沙嗣王業傳》：「天監元年，追崇丞相，封長沙郡王，謚曰宣武。」銘文當作於是時。

賞遇王泰。案《南史・王泰傳》：「梁天監元年爲秘書丞。轉黃門侍郎，每預朝宴，刻燭賦詩，文不加點，帝深賞嘆。沈約常曰：『王有養、炬，謝有覽、舉。』養，泰小字；炬，筠小字也。」

十一月，作《立太子詔》（載《藝文類聚》卷一六、《初學記》卷一〇，又見《全梁文》卷二六）。案《梁書・武帝紀中》：「（天監元年冬十一月）甲子，立皇子統爲皇太子。」

禪讓文誥，亦昉所撰。

作《禪位梁王策》（載《梁書・武帝紀上》、《南史・梁武帝紀》，又見《全梁文》卷四一）。案《武帝紀》繫此策文於四月壬戌。

作《禪位梁王璽書》（載《梁書・武帝紀上》、又見《全梁文》卷四一）。案《武帝紀》繫此璽書於四月壬戌。

作《爲齊宣德皇后令》（載《梁書・武帝紀上》、《南史・梁武帝紀》，又見《全梁文》卷四二）。案《武帝紀》繫此令於四月辛酉。

拜黃門侍郎，遷吏部郎中，尋以本官掌著作。案《梁書・任昉傳》：「高祖踐阼，拜黃門侍郎，遷吏部郎中，尋以本官掌著作。」

作《梁武帝初封諸功臣詔》（載《藝文類聚》卷五一，又見《全梁文》卷四一）。案《梁書・武帝紀中》：天監元年四月丙寅，高祖即皇帝位於南郊。」又云：「詔封文武功臣新除車騎將軍夏侯詳等十五人爲公侯，食邑各有差。」

作《追封丞相長沙王詔》（載《藝文類聚》卷五一，又見《全梁文》卷四一）。

作《追封永陽王詔》（載《藝文類聚》卷五一，又見《全梁文》卷四一）。

作《追封衡陽王桂陽王詔》（載《藝文類聚》卷五一，又見《全梁文》卷四一）。案《梁書・武帝紀中》：天監元年四月丙寅，追封太傅懿爲長沙郡王，謚曰宣武。齊後軍諮議敷爲永陽郡王，謚曰昭。弟齊太常暢爲衡陽郡王，謚曰宣。齊給事黃門侍郎融爲桂陽郡王，謚曰簡。以上三詔，當作於是時。

作《封臨川安興建安等五王詔》（載《藝文類聚》卷五一、《文苑英華》卷四四四，又見《全梁文》卷四一。《文苑英華》作沈約撰）。案《梁書・武帝紀中》：天監元年四月丙寅，以弟中護軍宏爲揚州刺史，封臨川郡王；南徐州刺史秀安成郡王；雍州刺史偉建安郡王；左衛將軍恢鄱陽王；荆州刺史憺始興郡王。此詔當作於是時。

作《爲范尚書讓吏部封侯第一表》（載《文選》卷三八、《藝文類聚》卷四八、《初學記》卷一二，有刪節，又見《全梁文》卷四二）。案《梁書・范雲傳》：天監元年四月，高祖受禪，是日遷雲散騎常侍、吏部尚書，封霄城縣侯。此表當上於此時。

作《吏部郎表》（載《藝文類聚》卷四八，又見《全梁文》卷四二）。案《梁書》本傳載昉於高祖踐阼即遷吏部郎中，此表中有「方今皇明御宇，升長咸亨，涇渭搢紳，無謬衡石；抑揚庶品，亦俟能官。顧已循涯，孰用祇荷，唯知死所，未識所報」之語，顯係拜吏部郎中時之謝表。

作《爲梁武帝集墳籍令》（載《文館詞林》卷六九五，又見《全梁文》卷四二）。案《梁書・王泰傳》：天監元年，泰遷秘書丞。齊永元末，後宮火，延燒秘書，圖書散亂殆盡。泰爲丞，表校定繕寫，高祖從之。昉此文當作於是時。

作《奏請郊廟備六代樂》（載《隋書・音樂志上》、《通典》卷一四七，又見《全梁文》卷四三）。案《隋書・音樂志上》：天監元年，武帝思弘古樂，下詔訪百僚，是時對樂者七十八家，昉即其一焉。此奏即當時所上。

作《丞相長沙宣武王碑》（載《藝文類聚》卷四五，又見《全梁文》卷四四）。

作《撫軍桂陽王墓誌銘》（載《文物》一九八一年一二期、《藝文類聚》卷四五，有刪節，又見《全梁文》卷四四）。案：桂陽王蕭融墓誌銘，任昉撰，一九八〇年九月於南京太平門外棲霞區出土，此碑撰於天監元年十一月，則《宣武王碑》亦當撰於是年，兄先弟後，情理昭然。

作《劉先生夫人墓誌銘》（載《文選》卷五九，又見《全梁文》卷四四）。案《南齊書・劉瓛傳》，瓛卒於永明七年。先是瓛娶王法施女（李善注引《劉氏譜》），後王氏被出，瓛卒後爲王氏族人合葬。天監元年下詔爲瓛立碑，此墓誌當與劉瓛碑同時作，故當繫於此。

作《奉答敕示七夕詩啓》（載《文選》卷三九，又見《全梁文》卷四三）。

作《靜思堂秋竹應詔詩》（載《藝文類聚》卷八九）。

作《奉和登貴陽山詩》（載《藝文類聚》卷七、《文苑英華》卷一五九）。案《梁書・到洽傳》，天監元年洽爲太子舍人，常與昉及到沆、蕭琛侍宴賦詩，此數首詩文，當即此時奉和應詔之作。

作《賦體》（載《藝文類聚》卷五六，又見《全梁文》卷四一）。案《藝文類聚》卷五六所載，尚有梁武帝、王僧孺、陸倕、柳憕所作《賦體》各一首，內容及體式大致相同，則此篇亦爲應詔之作無疑。今姑繫此。

天監二年癸未（五〇三）沈約六十三歲　任昉四十四歲

正月，約爲尚書左僕射。案《梁書・武帝紀中》:「（天監二年春正月）乙卯，以尚書僕射沈約爲尚書左僕射，吏部尚書范雲爲尚書右僕射。」又《梁書・沈約傳》:「俄遷尚書左僕射，常侍如故。尋兼領軍，加侍中。」

作《授蔡法度廷尉制》（載《文苑英華》卷三九七，又見《全梁文》卷二六）。案《梁書・武帝紀中》:「（天監二年）夏四月癸卯，尚書刪定郎蔡法度上《梁律》二十卷，《令》三十卷，《科》四十卷。」又制文有云:「尚書刪定左曹郎中蔡法度少好律書，明曉法令，世之所廢，篤志不怠。至於章句蹖滯，名程乖礙，莫不斟酌厥裏，允得其門。」則此制爲蔡法度上梁律後所下甚明也。

五月，范雲卒，作《尚書右僕射范雲墓誌銘》（載《藝文類聚》卷四八，又見《全梁文》卷三〇）。案《梁書・武帝紀中》:「（天監二年）五月丁巳，尚書右僕射范雲卒。」又《梁書・范雲傳》:「二年，卒，時年五十三。」

得任昉自義興來書。案:《文選》任昉《出郡傳舍哭范僕射詩》李善注引劉璠《梁典》曰:「天監二年，僕射范雲卒，任昉自義興貽沈約書曰:『永念平生，遂爲疇昔。』」

作《侍宴謝朏宅餞東歸應制賦詩》（載《藝文類聚》卷二九、《文苑英華》卷一六九）。案《梁書・謝朏傳》:「明年（指天監二年）六月，朏輕舟出，詣闕自陳。既至，詔以爲侍中、司徒、尚書令。朏辭腳疾不堪拜謁，乃角巾肩輿，詣雲龍門謝。詔見於華林園，乘小車就席。明旦，輿駕出幸朏宅，宴語盡歡。朏固陳本志，不許；因請自還東迎母，乃許之。臨發，輿駕復臨幸，賦詩餞别。」此詩當餞别時所作。

冬十一月，約以母憂去職。案《梁書・武帝紀中》：「（天監二年十一月）乙亥，尚書左僕射以母憂去職。」又《梁書・沈約傳》：「天監二年，遭母憂，輿駕親出臨弔，以約年衰，不宜致毁，遣中書舍人斷客節哭。」

昉出爲義興太守。案《梁書・任昉傳》：「天監二年，出爲義興太守。」《南史》本傳：「出爲義興太守。歲荒民散，以私奉米豆爲粥，活三千餘人。時産子者不舉，昉嚴其制，罪同殺人。孕者供其資費，濟者千室。在郡公田奉秩八百餘石，昉五分督一，餘者悉原，兒妾食麥而已。」

作《出郡傳舍哭范僕射詩》（載《文選》卷二三、《藝文類聚》卷三四、《初學記》卷一一）。

作《與沈約書》（載《藝文類聚》卷三四，又見《全梁文》卷四三）。案《梁書・范雲傳》，雲卒於天監二年五月，因雲之死，昉遂作書與約。

天監三年甲申（五〇四）沈約六十四歲　任昉四十五歲

正月，約起爲鎮軍將軍、丹陽尹。案《梁書・武帝紀中》：「（天監三年春正月癸丑），前尚書左僕射沈約爲鎮軍將軍。」《梁書》本傳：「起爲鎮軍將軍、丹陽尹，置佐史。」

引劉孺爲主簿。案《梁書・劉孺傳》：「起家中軍法曹行參軍，時鎮軍沈約聞其名，引爲主簿，常與遊宴賦詩，大爲約所嗟賞。」

遣裙衫迎任昉。案《梁書・任昉傳》：「天監二年，出爲義興太守……及被代登舟，止有米五斛。既至無衣，鎮軍將軍沈約遣裙衫迎之。」

祖餞丘遲爲永嘉太守。案《梁書・丘遲傳》：「天監三年，出爲永嘉太守。」又《金樓子・雜記》：「丘遲出爲永嘉郡，郡公祖道於東亭，任敬子、沈隱侯俱至。」

作《均聖論》（載《廣弘明集》卷五，又見《全梁文》卷二九）。案《廣弘明集》卷五有陶弘景《難鎮軍沈約〈均聖論〉》，知此文作於此時。

作《答陶隱居難〈均聖論〉》（載《廣弘明集》卷五，又見《全梁文》卷二九）。

昉重除吏部郎，尋轉御史中丞。案《梁書》及《南史》本傳均謂其重除吏部郎，參掌大選，居職不稱。尋轉御史中丞、秘書監，未具年份。案《梁書・曹景宗傳》，天監三年八月司州城陷，爲御史中丞任昉所奏，則昉轉御史中丞當在是年。又《南史・到溉傳》，昉還爲御史中丞，後進皆宗之，時有彭城孝綽、劉苞、劉孺，吳郡陸倕、張率，陳郡殷芸，沛國劉顯及到溉、到洽，車軌日至，號曰蘭臺聚。

作《天監三年策秀才文》（載《文選》卷三六，又見《全梁文》卷四二）。案此文當係昉任吏部郎中參掌大選時所作。

作《求薦士詔》（載《藝文類聚》卷五三、《初學記》卷二〇，又見《全梁文》卷四一）。案詔文中有「朕纂統鴻業，夤畏大寶，思用俊異，協贊雍熙」等語，顯係昉參掌大選時所作。

作《奏彈曹景宗》（載《文選》卷四〇，又見《全梁文》卷四三）。案《梁書・曹景宗傳》，天監二年十月，魏犯司州，圍刺史蔡道恭。時魏攻城日苦，城中負板而汲，景宗望門不出，但耀軍遊獵而已。三年八月，司州城陷，爲御史中丞昉所奏，武帝以功臣寢而不治。

作《答陸倕感知己賦》（載《梁書・陸倕傳》、《藝文類聚》卷三一，又見《全梁文》卷四一）。案《南史・陸倕傳》：「梁天監初，爲右軍安成王主簿，與樂安任昉友，爲《感知己賦》以贈昉，昉因此名以報之。」又《梁書・安成王秀傳》：天監三年，進號右將軍，則陸倕爲秀主簿當在是年，贈昉賦與昉答賦亦當作於是年。

天監四年乙酉（五〇五）沈約六十五歲　任昉四十六歲

正月，約作《南郊恩詔》（載《文苑英華》卷四二四，又見《全梁文》卷二六）。案《梁書・武帝紀中》：「（天監四年正月）辛亥，輿駕親祠南郊，赦天下。」又案詔文中有「應天監三年內犯奪勞及左降可悉原。」又云：「及隨曹景宗授司州委叛應謫役者，并量所蠲降。」則此詔作於天監三年後甚明。

與張充、徐勉等同參五禮。案《梁書・徐勉傳》載勉《上修五禮表》有云：「以五經博士繆昭掌凶禮，以儀禮深廣，記載殘缺，宜須博論，共盡其致，更使鎮軍將軍丹陽尹沈約、大常卿張充及臣三人同參厥務。」又《梁書・武帝紀中》：「（天監四年春正月癸卯），置五經博士各一人。」知置五經博士始於四年。又《梁書・武帝紀中》：「（天監五年春正月乙亥），鎮軍將軍沈約爲右光祿大夫。」則沈約同參五禮，當是年事也。

作《應詔樂遊苑餞呂僧珍詩》（載《文選》卷二〇、《藝文類聚》卷二九、《文苑英華》卷一六九）。案《梁書・呂僧珍傳》：「天監四年冬，大舉北伐，自是軍機多事。」則餞別呂僧珍，當是年事也。

作《九日侍宴樂遊苑詩》（載《藝文類聚》卷四）。案此詩大約作於是年，今姑繫此。

與昉及劉孝綽侍宴賦詩。案《梁書·劉孝綽傳》:「高祖雅好蟲篆，時因宴幸，命沈約、任昉等言志賦詩，孝綽亦引見。」又《梁書·劉孝綽傳》:「天監初，起家著作佐郎……遷太子舍人，俄以本官兼尚書水部郎。」又案舊制，年二十五方得解褐，天監四年孝綽正二十五歲（建元三年生，見《梁書》本傳），被引見當亦是年事也。

賞遇蕭幾。案《梁書·蕭幾傳》:「及公則卒，幾爲之誄，時年十五，沈約見而奇之，謂其舅蔡撙曰:『昨見賢甥《楊平南誄文》，不減希逸之作，始驗康公積善之慶。』」，又《梁書·楊公則傳》，天監四年，詔假節先屯洛口，疾卒於師。誄文作於是時無疑也。

昉仍官御史中丞。

作《奏彈范縝》（載《梁書·王亮傳》、《冊府元龜》卷五一九，又見《全梁文》卷四三）。案《南史·王亮傳》，天監四年，昉奏縝妄陳褒貶，請免縝官，詔可。

作《奏彈蕭穎達》（載《梁書·蕭穎達傳》、《冊府元龜》卷五一九，又見《全梁文》卷四三）。案《梁書·蕭穎達傳》謂爲御史中丞任昉所奏，今姑繫此。

作《奏彈劉整》（載《文選》卷四〇，又見《全梁文》卷四三）。案此文亦當官御史中丞時所作，亦姑繫此。明年，昉即改官也。

作《答劉孝綽詩》（載《梁書》及《南史》之《劉孝綽傳》、《藝文類聚》卷三一、《文苑英華》卷二四〇）。案此詩乃孝綽解褐時贈，故當繫於此也。

作《九日侍宴樂遊苑詩》（載《藝文類聚》卷四）。案此詩當與約侍宴時所作，今姑繫此。

天監五年丙戌（五〇六）沈約六十六歲　任昉四十七歲

約服除，遷侍中、右光祿大夫，領太子詹事、揚州大中正，關尚書八條事。見《梁書·武帝紀中》及《梁書·沈約傳》。又《梁書·昭明太子傳》:「五年六月庚戌，始出居東宮。」太子是年六歲。

作《齊禪林寺尼淨秀行狀》（載《廣弘明集》卷二三，又見《全梁文》卷三一）。行狀有云:「以天監五年六月十七日得病……自入八月，體中亦轉惡，不復說餘事。」則淨秀卒於八月中，此行狀亦當作於是時。

作《答庾光祿書》（載《封氏聞見記》卷六，又見《全梁文》卷二八）。案答書中有「居喪再周之內，每至忌日，哭臨受弔」之語，知爲是年其母之忌日所作。

作《司徒謝朏墓誌銘》(載《藝文類聚》卷四七，又見《全梁文》卷三〇)。案《梁書・武帝紀中》:「(天監五年) 二月癸卯，司徒謝朏薨。」

昉官秘書丞。案《梁書》及《南史》本傳皆謂其「尋轉御史中丞，秘書監，領前軍將軍」，四年昉官御史中丞 (詳前)，六年又出爲新安太守 (詳後)，則官秘書監當在天監五年。又《梁書》及《南史》本傳皆云，自永元以來，秘閣四部，篇卷紛雜，昉手自讎校，由是篇目定焉。

作《爲皇太子求一日一入朝表》(載《藝文類聚》卷一六，又見《全梁文》卷四二)。案《梁書・昭明太子傳》:「五年六月庚戌，始出居東官。太子性仁孝，自出宮，恒思戀不樂。」則此表當作於是時。

作《爲昭明太子答何胤書》(載《藝文類聚》卷三七，又見《全梁文》卷四三)。案《梁書・何胤傳》:「昭明太子欽其德，遣舍人何思澄致手令以褒美之。」《藝文類聚》卷三七載有胤《答皇太子啓》，昉答書中有「知便遠追疏董，超然高蹈，雖朝旨殷勤，而輕棹已遠，供踐莫申，瞻言增慨。」顯係昭明延納何胤不致，而使昉作書以追懷之也。今姑繫此。

天監六年丁亥 (五〇七) 沈約六十七歲　任昉四十八歲

正月，約作《使四方士民陳刑政詔》(載《梁書・武帝紀中》、《初學記》卷三〇，又見《全梁文》卷二六)。案《梁書・武帝紀中》:「六年春正月辛酉朔，詔曰:『……四方士民，若有欲陳言刑政……不能自通者，可各詮條布懷於刺史二千石。』」

與曹景宗賦韻。案《南史・曹景宗傳》:「景宗振旅凱入，帝於華光殿宴飲連句，令左僕射沈約賦韻。景宗不得韻，意色不平，啓求賦詩。帝曰:『卿伎能甚多，人才英拔，何必止在一詩。』景宗已醉，求作不已，詔令約賦韻。時韻已盡，唯餘『競』、『病』二字，景宗便操筆，斯須而成，其辭曰……帝嘆不已，約及朝賢驚嗟竟日。」又《梁書・武帝紀中》:「(天監六年夏四月) 癸巳，曹景宗、韋睿等破魏軍於邵陽洲，斬獲萬計。」

作《上巳華光殿詩》(載《藝文類聚》卷四)。案此詩當侍宴華光殿時作，今姑繫此。

作《侍宴樂遊苑餞徐州刺史應詔詩》(載《藝文類聚》卷二九)。

作《正陽堂宴勞凱旋詩》(載《藝文類聚》卷五九)。

作《三日侍鳳光殿曲水宴應制詩》(載《藝文類聚》卷四、《初學記》卷四）。

作《三日侍林光殿曲水宴應制詩》（載《藝文類聚》卷四、《初學記》卷四）。

作《樂將殫恩未已應詔詩》（載《初學記》卷一五）。

作《侍遊方山應詔詩》（載《初學記》卷一三）。

作《見庭雨應詔詩》（載《初學記》卷二、《文苑英華》卷一七三）。

作《咏新荷應詔詩》（載《藝文類聚》卷八二）。

作《聽蟬鳴應詔詩》（載《藝文類聚》卷九七）。

案以上數詩，當作於此年前後，今姑繫此。

夏四月，爲尚書左僕射。案《梁書・武帝紀中》：「（天監六年夏四月）丁巳，右光祿大夫沈約爲尚書左僕射。」

作《正會乘輿議》（載《隋書・禮儀志四》、《通典》卷七〇，又見《全梁文》卷二八）。案《隋書・禮儀志四》：「天監六年……又尚書僕射沈約議」云云，知此議作於此時。

七月，作《王茂加侍中詔》（載《文苑英華》卷三八〇又見《全梁文》卷二六）。案《梁書・武帝紀中》：「（天監六年七月）丁亥，以新除尚書右僕射王茂爲中衛將軍。」又《梁書・王茂傳》：「六年，遷尚書右僕射，常侍如故。固辭不拜，改授侍中、中衛將軍，領太子詹事。」案詔文有云：「望蔡縣開國公新除尚書右僕射茂……可侍中衛將軍，領太子詹事，開國公如故。」與《梁書》所載吻合。

閏十月，約官尚書令，行太子少傅。案《梁書・武帝紀中》：「（天監六年閏十月乙丑）尚書左僕射沈約爲尚書令、行太子少傅。」

作《拜尚書令到都上表》（載《藝文類聚》卷四八，又見《全梁文》卷二七）。

引劉顯爲五官掾。《梁書・劉顯傳》：「天監初，舉秀才，解褐中軍臨川王行參軍……丁母憂，服闋，尚書令沈約命駕造焉……及約爲太子少傅，乃引爲五官掾。」

郊居宅成。案《梁書・何思澄傳》：「平南安成王參軍，兼記室。隨府江州，爲《遊廬山詩》，沈約見之，大相稱賞……約郊居宅新構閣齋，因命工書人題此詩於壁。」又《梁書・安成王秀傳》：「（天監）六年，出爲使持節、都督江州諸軍事，平南將軍、江州刺史。」據此，知郊居宅成於此時。

作《報劉杳書》（載《梁書・劉杳傳》，又見《全梁文》卷二八）。案《梁書・劉杳傳》：「約郊居宅時新構閣齋，杳爲贊二首，並以所撰文章呈約，約即命工書人題其贊於壁。仍報杳書曰」云云。

作《郊居賦》（載《梁書・沈約傳》、《藝文類聚》卷六四有刪節，又見《全梁文》卷二五）。案此賦當作於郊居宅成之時。

作《光宅寺刹下銘》（載《廣弘明集》卷一六、《藝文類聚》卷七七，又見《全梁文》卷三〇）。案銘文有云「乃以大梁之天監六年……閏十月二十三日戊寅……」，知此銘作於是年也。

作《報王筠書》（載《梁書・王筠傳》，又見《全梁文》卷二八）。案《梁書・王筠傳》：「尚書令沈約，當世辭宗，每見筠文，咨嗟吟咏，以爲不逮也。」又云：「筠嘗爲詩呈約，即報書云……約常從容啓高祖曰：『晚來名家，唯見王筠獨步。』」

昉出爲寧朔將軍、新安太守。案《梁書》本傳：「（天監）六年春，出爲寧朔將軍、新安太守。在郡不事邊幅，率然曳杖，徒行邑郭，民通辭訟者，就路決焉。爲政清省，吏民便之。」《南史》本傳云：「在郡尤以清潔著名，百姓年八十以上者，遣戶曹掾訪其寒溫。嘗欲營佛齋，調楓香二石，始入三斗，使出教長斷，曰：『與奪自己，不欲貽之後人。』郡有蜜嶺及楊梅，舊爲太守所採，昉以冒險多物故，即時停絕，吏人咸以百餘年未之有也。」新安至唐宋間仍有「昉溪」、「昉村」，百姓祠之也。案《太平寰宇記》卷一〇四歙州休寧縣：「任公村在縣北四十里，昔有任昉爲新安太守，因行春至此富資溪上尋幽，累日不返，百姓因名其溪爲昉溪，溪旁村曰昉村……（唐）大中十年，刺史盧潘爲改曰『任公溪』、『任公村』。」

天監七年戊子（五〇八）沈約六十八歲　任昉四十九歲

約作《上建闕表》（載《藝文類聚》卷六二，又見《全梁文》卷二七）。案《梁書・武帝紀中》：「（七年春正月）戊戌，作神龍、仁虎闕於端門、大司馬門外。」此表當於此時所上。

作《太常卿任昉墓誌銘》（載《藝文類聚》卷四九，又見《全梁文》卷三〇）。案是年春任昉卒（詳後）。

與學士賀縱共勘昉藏書。案《梁書・任昉傳》：「昉墳籍無所不見，家雖貧，聚書至萬餘卷，率多異本。昉卒後，高祖使學士賀縱共沈約勘其書目，官所無者，就昉家取之。」

昉卒於新安官舍。案《梁書》本傳云:「六年春,出爲寧朔將軍、新安太守……視事期歲,卒於官舍,時年四十九。」又《梁書》本傳謂昉卒後,闔境痛惜,百姓共立祠堂於城南。《南史》本傳謂噩耗傳來,武帝聞之,方食西苑綠沈瓜,投之於盤,悲不自勝。即日舉哀,哭之甚慟,追贈太常,謚曰敬子。

又案:昉卒,陳郡殷芸與建安太守到溉書云:「哲人云亡,儀表長謝,元龜何寄,指南誰託?」(見《梁書・任昉傳》)

又東海王僧孺論昉,謂其「過於董生、揚子,昉樂人之樂,憂人之憂,虛往實歸,忘貧去吝,行可以厲風俗,義可以厚人倫,能使貪夫不取,懦夫有立」(見《南史・任昉傳》),又劉孝標在《廣絕交論》(載《文選》卷五五)中對任昉作了極高的評價:「近世有樂安任昉,海內髦傑,早綰銀黃,夙昭民譽。遒文麗藻,方駕曹、王;英跱俊邁,聯橫許、郭。類田文之愛客,同鄭莊之好賢。見一善則盱衡扼腕,遇一才則揚眉抵掌。雌黃出其脣吻,朱紫由其月旦。於是冠蓋輻湊,衣裳雲合,輜軿擊轊,坐客恒滿。蹈其閫閾,若升闕里之堂;入其隩隅,謂登龍門之阪。至於顧盼增其倍價,剪拂使其長鳴。飄組雲臺者摩肩,趨走丹墀者疊迹,莫不締恩狎,結綢繆,想惠、莊之清塵,庶羊、左之徽烈。」其爲時賢見重若此。

王僧孺作《太常敬子任府君傳》(載《藝文類聚》卷四九,又見《全梁文》卷五二)。

昉不治產業,卒後子侄漂泊,無人收恤。案《南史》本傳云,昉「有子東里、西華、南容(李善注引劉璠《梁典》作『南客』)、北叟,並無術業,墜其家聲。兄弟流離不能自振,生平舊交莫有收恤。西華冬月著葛帔練裙,道逢平原劉孝標,泫然矜之,謂曰:『我當爲卿作計。』乃著《廣絕交論》以譏其舊交。」

昉之遺著,有《雜傳》二百四十七卷、《地記》二百五十二卷、文章三十三卷(見《梁書》本傳)。又有《文章始》一卷(見《隋書・經籍志》)。

天監八年己丑(五〇九)沈約六十九歲

作《捨身願疏》(載《廣弘明集》卷二八、又見《全梁文》卷三二)。案疏文有云:「以大梁天監之八年,年次玄枵,日殷鳥度夾鍾紀月十八,在於新所,創蔣陵皇宅,請佛及僧……」知此疏作於是年。

天監九年庚寅(五一〇)沈約七十歲

春,官左光祿大夫。案《梁書・武帝紀中》:「(天監九年春正月)乙亥,以尙書令、行太子少傅沈約爲左光祿大夫，行少傅如故。」又《梁書》本傳云：「九年，轉左光祿大夫，侍中，少傅如故，給鼓吹一部。」

作《與徐勉書》（載《梁書・沈約傳》，又見《全梁文》卷二八）。案《南史・沈約傳》：「初，約久處端揆，有志臺司，論者咸謂爲宜。而帝終不用，乃求外出，又不見許。與徐勉素善，遂以書陳情於勉，言己老病：『百日數旬，革帶常應移孔，以手握臂，率計月小半分。』欲謝事，求歸老之秩。勉爲言於帝，請三司之儀，弗許，但加鼓吹而已。」書蓋作於此時。

作《致仕表》（載《藝文類聚》卷一八，又見《全梁文》卷二七）。案約《與徐勉書》中有「冒欲表聞，乞歸老之秩」語，知此表作於是年。

天監十年辛卯（五一一）沈約七十一歲

天監十一年壬辰（五一二）沈約七十二歲

約加官特進。案《梁書・武帝紀中》：「（天監十一年春正月壬辰）加左光祿大夫、行太子少傅沈約特進。」又《梁書》本傳：「尋加特進，光祿、侍中、少傅如故。」

天監十二年癸巳（五一三）沈約七十三歲

閏三月，沈約卒。案《梁書，武帝紀中》：「（天監十二年三月）閏月乙丑，特進、中軍將軍沈約卒。」又《梁書》本傳：「十二年，卒官，時年七十三。詔贈本官，賻錢五萬，布百匹，謚曰隱。」又云：「好墳籍，聚書至三萬卷，京師莫比。」又云；「及居端揆，稍弘止足，每進一官輒殷勤請退，而終不能去，論者方之山濤。用事十餘年，未嘗有所薦達，政之得失，唯唯而已。」又云：「初，高祖有憾於張稷，及稷卒，因與約言之。約曰：『尙書左僕射出作邊州刺史，已往之事，何足復論，帝以爲婚家相爲，大怒曰：『卿言如此，是忠臣邪！』乃輦歸內殿。約懼，……及還，未至牀，而憑空頓於戶下，因病，夢齊和帝以劍斷其舌。召巫視之，巫言如夢。乃呼道士奏赤章於天，稱禪代之事，不由己出。高祖遣上省醫徐奘視約疾，還具以狀聞……及聞赤章事，大怒，中使譴責者數焉，約懼，遂卒。有司謚曰文，帝曰：『懷情不盡曰隱。』故改爲隱云。」

作《臨終遺表》（載《廣弘明集》卷三〇、《藝文類聚》卷七七，又見《全梁文》卷二七）。案《藝文類聚》作《臨終勸加篤信啓》。

約之著作，見於《隋書・經籍志》著錄者，有《謚法》十卷（《梁書》及

《南史》本傳作《謚例》十卷），《四聲》一卷（《梁書》及《南史》本傳作《四聲譜》），《晉書》一百一十卷（《宋書・自序》云一百二十卷，《梁書》及《南史》本傳作一百一十卷），《宋書》一百卷（又見《梁書》及《南史》本傳），《齊紀》二十卷（又見《梁書》及《南史》本傳），《新定官品》二十卷，《宋世文章志》二卷，《俗說》三卷，《雜說》二卷，《袖中記》二卷，《袖中略集》一卷，《珠叢》一卷，《梁特進沈約集》一百〇一卷（《梁書》及《南史》本傳謂有文集一百卷），《集鈔》十卷。見於《梁書》及《南史》本傳著錄者，有《高祖紀》十四卷，《邇言》十卷，《文章志》三十卷（《梁書》作「《宋文章志》三十卷」）。

舊注考

左思《三都賦》綦毋邃注發覆

《文選》舊注夥矣，然流傳至今，能爲士林所知見者，數種而已，其餘或亡佚，或羼融於他注，已不復可睹。《三都賦》綦毋邃注，就是在宋元以來傳世的《文選》刻本中羼入他注而不復可睹的舊注之一。

一

日本京都大學所影印的古鈔本《文選集注》卷八左太沖《三都賦序》題下，有陸善經注，云：「舊有綦毋邃注。」細讀之，這篇序中注內確實有幾條綦毋邃氏的注文。現將其輯錄如下：

〔一〕「然相如賦上林而引盧橘夏熟，楊雄賦甘泉而陳玉樹青葱，班固賦西都而嘆以出比日，張衡賦西京而述以遊海若」句下，綦毋邃注云：「凡此四者，皆非西京之所有也。」

〔二〕「考之果木則生非其壤，核之神物則出非其所，於辭則易爲藻飾，於義則虛而無徵」句下，綦毋邃注云：「蓋是韓非所謂畫鬼魅易爲好，畫狗馬難爲工之類也。」

〔三〕「玉卮無當，雖寶非用」句下，綦毋邃注云：「卮，一名觶，酒器也。當，底也。」

〔四〕「積習生常，有自來矣」句下，綦毋邃注云：「《左傳》曰：『習實生常』。」

〔五〕「且夫任土作貢，《虞書》所著；辯物居方，《周易》所愼」句下，綦毋邃注云：「《虞書》曰：『禹別九州，任土作貢』，定其肥饒之所生，而著九州貢賦之法也。《周易》曰：『君子以愼辨物居方。』」

陸善經所云綦毋邃《三都賦》注，僅在《文選集注》本《三都賦序》中保留了以上五條。

綦毋邃，史傳無載，其生平事蹟不詳。《文選集注》本《蜀都賦》「劉淵林注」題署下，有陸善經注，曰：「臧榮緒《晉書》云：『劉逵注吳、蜀，張載注魏都，綦毋邃序注本。』」綦毋邃其名載於臧榮緒《晉書》之中，於晉人劉逵張載之後，似當爲晉人。檢《隋書・經籍志》，史部雜傳類著錄：「《列女傳》七卷，綦毋邃撰。」子部儒家類著錄：「梁有《孟子注》九卷，綦毋邃撰，亡。」集部總集類著錄：「《二京賦音》二卷，李軌、綦毋邃撰」。「《三都賦注》三卷，綦毋邃撰。」（兩《唐志》著錄略同）《隋志》史部將綦毋邃《列女傳》置於皇甫謐之後，集部將綦毋邃《二京賦音》與李軌並列，皇甫謐、李軌皆晉人，是乃綦毋邃爲晉人之又一佐證。檢《通典》，卷九五載：「哀帝興寧中，哀靖皇后有章太妃之喪，尙書奏：『至尊緦麻三月，皇后齊縗。』案《周禮》有后輕而服重，公子爲公所厭，故不得申，舅不厭婦，故得以本服。綦毋邃駁：『父子不繼祖禰，故妻得伸。皇姑夫人致齋而會於太廟，后服不踰至尊，亦當緦麻也。』」（嚴可均據之輯入《全晉文》卷一三三中，題作《駁尙書奏章太妃服》）案興寧爲東晉哀帝年號，檢《晉書・哀帝紀》，（興寧元年）「三月壬寅，皇太妃薨於琅邪第」。又《晉書・禮志》載：「興寧元年，哀帝章皇太妃薨，帝欲服重。江虨啓云：『先王制禮，應在緦服。』詔欲降期，虨又啓：『厭屈私情，所以上嚴祖考。』於是制緦三月。」（《晉書・成恭杜皇后傳》附《周太妃傳》所載略同）驗之《晉書》，《通典》所載不誤，臧榮緒《晉書》中的綦毋邃與《通典》中的綦毋邃當是同一人。晉哀帝興寧元年爲公元三六三年，則綦毋邃其人當係東晉人。通過以上考證，關於綦毋邃，可勾勒如下一個大致的輪廓：他生於東晉初，大約生活在成帝至孝武帝年間（即約略在公元四世紀二十至八十年代），其較劉逵（據臧榮緒《晉書》云逵與傅威、陸機、杜育同時）、張載（《晉書》本傳謂載於太康初至蜀省父而作《劍閣銘》）約晚五、六十年。哀帝時，或官祠部，章太妃卒，上疏駁尙書奏章太妃服議，於朝廷禮儀典則多所匡正。其著述見於著錄者，有《列女傳》七卷，《孟子注》九卷（兩《唐志》作七卷），《二京賦音》二卷（兩《唐志》作三，案「三」

疑當作「二」，詳姚氏《隋書經籍志考證》)，《三都賦注》三卷。其《孟子注》早已亡佚，馬國翰輯得注文九條，收入《玉函山房輯佚書》中。《三都賦注》賴《文選集注》保存了以上所輯五條注文，吉光片羽，彌足珍貴。其餘諸書，今已亡佚。

二

綦毋邃《三都賦》注雖僅存注文五條，由此卻可窺其注書體式的端倪。五條注文，已蘊涵了古人注書所應具備的三大要素：訓釋語詞，闡析文意，指明用典。

《三都賦序》「然相如賦上林而引盧橘夏熟，楊雄賦甘泉而陳玉樹青葱，班固賦西都而嘆以出比目，張衡賦西京而述以遊海若」句下，劉逵無注。接下去的正文是「假珍怪以爲潤色，若斯之類，匪啻於茲」，其文意似不接續（案此即朱一新《無邪堂答問》卷二「答問駢體文」所謂「潛氣內轉，上抗下墜」，如不經指明，讀者不易領悟)，綦毋邃於「海若」下注以「凡此四者，皆非西京之所有也」以闡釋「然相如」四句，遂能使文意調暢，晦者變顯，這一點，與他注《孟子・公孫丑上》「公孫丑問曰：『夫子當路於齊』」句以「當路，當仕路也」(《文選》阮籍《詠懷詩》李善注引）和《離婁下》「諫行言聽，膏澤下於民，有故而去，君使人導之出疆」句下以「謂有他故，不得不行，或被怨仇者也」(《通典》卷九九引）闡釋文意使晦者顯的手法如出一轍。在「考之果木則生非其壤，核之神物則出非其所，於辭則易爲藻飾，於義則虛而無徵」數句，其旨意不易爲人理解，綦毋邃將《韓非子・外儲說左上》所載「客有爲齊王畫者」一段文字精縮爲「蓋是韓非所謂畫鬼魅易爲好，畫狗馬難爲工之類」以闡釋之，以俗訓雅，以近喻遠，加深讀者對作者寫作力度的理解，綦毋邃注於此顯示出了充分的才能。

「玉卮」，「當」，究爲何物，讀者不知。訓以「卮，一名觶，酒器也。當，底也」，「玉卮無當，雖寶非用」二句的文意於是昭然。李善於其下節引《韓非子・外諸說右上》補釋曰：「《韓子》：堂溪公謂韓昭侯曰：『今有白玉之卮無當，有瓦卮有當，君寧何取？』曰：『取瓦卮』。」則更是舉一反三，相輔相成，使綦毋邃注的語詞訓釋功用發揮得淋灕盡致。

「積習生常」句綦毋邃注引《左傳》揭示出此句是從《左傳》(昭公十六年）子服、昭伯語季平子「習實生常，能無卑乎」(案今本《左傳》作「習實爲常」)

句衍化而來，李善於其下補注曰：「劉歆《遂初賦》曰：『非積習之生常』。」又引《左傳》（昭公元年）叔孫云「叔出季處，有自來矣」以指明「有自來矣」一句的出處以補釋之。「任土作貢」句綦毋邃注指明語出《虞書》（檢今本《尚書》其句出《夏書》，陸善經於綦毋邃注下補釋云：「《尚書・禹貢》古文爲《夏書》，今文爲《虞書》。」綦毋邃注引當爲今文）。「辨物居方」句綦毋邃注徵引《周易》使讀者知此乃左思套襲《周易・未濟》「君子以慎辨物居方」句入文。綦毋邃注，使這篇「構思十稔，門庭藩溷皆著紙筆，遇得一句，即便疏之」，賦成之後，「都邑豪貴競相傳寫，遍於海內」（臧榮緒《晉書》），以至於洛陽紙貴的《三都賦》，其屬思之邃密，文辭之典雅，於是乎昭彰於天下。

以上是就今存五條注文而言，事實上，綦毋邃詮釋《三都賦》所取得的成就當遠不止此，因《文選集注》只採摭了五條釋語入《三都賦序》注中，沒有留給我們更多，今天就無法窺其全豹，以進行全面、系統的探索、研究了。

三

今傳存於海內的《文選》刻本中，宋刊（或影印本）計有以下五種：（一）國家圖書館藏北宋刊遞修本李善注《文選》（國家圖書館出版社《中華再造善本》影印者即此）。（二）國家圖書館、北京大學圖書館藏宋杭州開箋紙馬鋪鍾家刊刻本五臣注《文選》。（三）日本汲古書院影印足利學校藏宋明州州學刊刻本六家注《文選》（其刊刻年代據該影印本書前長澤規矩也《解說》所推定，以下簡稱明州本）。（四）《四部叢刊初編》影南宋建陽本《六臣注文選》（簡稱六臣本）。（五）國家圖書館藏南宋淳熙八年貴池尤袤刊李善注《文選》（簡稱尤刻本）。以上五種，除第一種只存二十三卷（存卷中無此卷）、第二種只存卷二九、卷三〇兩卷（北京大學圖書館藏卷二九、國家圖書館藏卷三〇）無有《三都賦》外，其餘三種都爲足本。以此三種宋刊本與《文選集注》本相勘驗，發現以下情況：

〔一〕「然相如」句下，明州本「凡此四者，皆非西京之所有』也」作劉逵注，六臣本、尤刻本同。

〔二〕「考之果木」句下，明州本「蓋韓非所謂畫鬼魅易爲好，畫狗馬難爲工之類」作劉逵注，六臣本、尤刻本同。

〔三〕「玉巵」句下，明州本「巵一名觶，酒器也。當，底也」作劉逵注，六臣本、尤刻本同。

〔四〕「積習」句下，明州本「《傳》曰：『習實生常』」作劉逵注，六臣本、尤刻本同。

〔五〕「且夫任土」句下，明州本「《虞書》曰：『禹別九州，任土作貢』，定其肥饒（尤刻本作磽）之所生也。而著九州貢賦之法也。《周易》曰：『君子以愼辯物居方』」作劉逵注，六臣本、尤刻本同。

五條注文，《文選集注》本與刻本除極個別處小有差別外（如〔二〕「蓋是韓非」刻本無「是」，句末有「也」；〔四〕「《左傳》曰」刻本無「左」；〔五〕「肥饒之所生」尤刻本「饒」作「磽」，「生」下刻本有「也」；「辨物居方」刻本「辨」作「辯」之類），其文字基本相同，而署名卻有異：《文選集注》本作綦毋邃注，刻本作劉逵注。可見，綦毋邃《三都賦》注，在宋代所刊的幾種《文選》刻本中，已被羼人劉逵注中，不可辨識，也無從辨識了。元明清以降，其知《三都賦》有綦毋邃注存於《文選》中者鮮矣。

今天，我們對綦毋邃《三都賦》注的發掘和研究，有著以下幾個方面的意義：

首先，使我們瞭解到在晉代徵引的訓詁體式已在逐漸形成、確立，對當時和後世都起著積極的影響。

上舉〔一〕、〔四〕、〔五〕中使用的徵引的訓詁方式固不待言。即以訓釋語詞的〔三〕而言，「卮，一名觶，酒器也」其實是暗用《漢書・高帝紀下》「上奉玉卮爲太上皇壽」句應劭注（應劭云：「飲酒禮器也，古以角作，受四升。古卮字作紙。」案此處《漢書》有誤，「觝」字當作「觚」，「觶」古文作「觝」，音義皆同，詳《說文・角部》「觶」下段玉裁注）。「當，底也」也是用《淮南子・說林篇》「三寸之管無當」句高誘注（高誘云：「當，猶底也」）。此二處雖未明言徵引，而實際上是徵引舊注成說以爲訓釋，只不過未言根據而已。其殘存之五條注文中就有四條是用徵引的訓釋方式，足見在有晉一代，徵引的訓詁體式已在廣泛使用。綦毋邃注，比裴松之《三國志》注要早約五、六十年（綦毋邃注當成於晉興寧、太和年間。據《宋書》本傳裴松之宋武帝元嘉十四年致仕，其《三國志》注當成於元嘉初），比劉孝標《世說新語》注要早約一百五十年（劉孝標《世說新語》注當成於天監十年左右隱居於金華山聚徒講學之時。）裴松之《三國志》注、劉孝標《世說新語》注固已成爲後世注書的典範（說見高似孫《緯略》卷九），而綦毋邃《三都賦》注實則爲裴、劉之先聲，其對裴松之、劉孝標乃至以後的李善的影響，應當是有迹可循，它爲今天的訓詁學研究提供了一份很寶貴的資料。

其次，爲我們清理《文選》舊注提供了可靠的線索。

《文選》自問世起，就不斷有人爲之作注，由於諸多歷史原因，許多舊注都已相繼亡佚，有的舊注則已羼融入他注中，也相對亡佚（綦毋邃注即是一例）。以今傳世刻本《文選》中綦毋邃注羼入劉逵注本身而論，不獨使綦毋邃注被淹沒而相對亡佚，且使劉逵注也已成爲被羼亂的產物，並非原貌。因之，根據現有的各種傳本，對《文選》舊注進行一次認眞的、徹底的清理，使舊注各呈其態，各歸其主，以還原《文選》及《文選》注的本來面目，已成當前選學研究的當務之急，應當引起足夠的重視。

再次，使李善的訓釋體式形態更加明晰。

以前讀《文選》，只知道在李善注本《文選》中，《二京賦》用薛綜注，《子虛》《上林》二賦用郭璞注，楚辭作品用王逸注，《射雉賦》用徐爰注，《魯靈光殿賦》用張載注，《三都賦》用劉逵注，陸機《演連珠》用劉孝標注。但凡襲用舊注，李善皆於題下一一標明，以示其不掠前人之美。讀《文選集注》使人發現，李善注《文選》時，對未採入其書中之舊注，其但凡有佳妙者，即缺而不注，以存前人之美（實際上李善未採入者大都亡佚，與其宗旨大相徑庭）。從前讀李善注本《文選》，有的當注之處李善缺而不注，使人百思不得其解，而今，可使向之疑慮煥然冰釋。應當指出，這種嚴謹態度是李善不掠前人之美的又一表現形式。

最後一點，綦毋邃注可與李善注互補。

綦毋邃注在客觀上起到了補充李善注的作用，這一點在前面已經論及，此處也就不再贅述了。

俄藏敦煌本ϕ242《文選注》考

藏於俄羅斯聖彼得堡的敦煌文獻中，有一軸編號爲ϕ242的《文選注》寫卷（《俄藏敦煌文獻》第四冊，上海古籍出版社一九九三年出版），存一八五行，有正文，有注。正文行十三或十四字，注文小字雙行，行十九或二十字。所存從束廣微《補亡詩》第六首「明明后辟」句起，迄曹子建《上責躬應詔詩表》「馳心輦轂」句止，計有束廣微《補亡詩》第六首（佚首二句）、謝靈運《述祖德詩》二首、韋孟《諷諫》詩一首、張茂先《勵志詩》一首、曹子建《上責躬應詔詩表》之前半。

持此與今本李善注《文選》(國家圖書館藏、中華書局影印南宋淳熙八年貴池尤袤刊刻本，簡稱尤刻本)及五臣注《文選》(臺灣中央圖書館藏并影印南宋紹興三十一年建陽崇化書坊刊陳八郎宅善本五臣注《文選》，簡稱陳八郎本)相較，發現寫卷卷次與尤刻本不同。尤刻本《補亡詩》以次迄《勵志詩》，在卷十九。《上責躬應詔詩表》在卷二十。寫卷則未分卷，說明此數篇在同一卷內。陳八郎本此數篇同在卷十，則寫卷之卷次，當與五臣本合，爲三十卷本無疑。

寫卷注文，既不與李善注同，也與五臣注異。原書藏於日本並爲京都大學影印刊行的《文選集注》一書，保存有數種唐人《文選》注，除李善注、五臣注外，有《文選鈔》、《文選音決》和陸善經注。檢《文選集注》，其所存篇目又無有此數篇，無法確定其是否爲此三家注中的一種。不過，注者爲唐人這一點，是毫無疑問的。寫卷「世」字「民」字缺末筆，顯然是避太宗諱，書寫者亦當爲唐人。對注文仔細研讀後，發現其學術價值並不在李善注之下。下面，分四個方面論之。

一、該注文中保存了數種亡佚已久的典籍的佚文

①丘淵之《晉義熙以來新集目錄》

寫卷《述祖德詩》作者題署「謝靈運」下注云：「丘淵之《新集錄》曰：『靈運，陳郡陽夏人。祖玄，車騎將軍。父渙，秘書監。靈運歷秘書監、侍中、臨川內史，伏誅。』」檢《宋書．顧琛傳》：「淵之字思玄，吳興烏程(今浙江吳興)人也。太祖(案指宋文帝義隆)從高祖(案指宋武帝劉裕)北伐，留彭城，爲冠軍將軍、徐州刺史，淵之爲長史。太祖即位，以舊恩歷顯官侍中、都官尚書、吳興太守，卒於太常，追贈光祿大夫。」《南史，顧琛傳》所載略同，唯「淵之」作「深之」，避唐高祖諱。又檢《隋書．經籍志》簿錄類，有《晉義熙已來新集目錄》三卷，未著撰人。《新唐書．藝文志》目錄類，有「丘深之《晉義熙以來新集目錄》三卷」，是「丘淵之《新集錄》」爲「丘淵之《晉義熙以來新集目錄》」之省稱也。《舊唐書．經籍志》雜四部書目，有「《義熙已來雜集目錄》三卷，丘深之撰」，書名略異。《通志．藝文略》目錄類著錄，同於《隋志》及《新唐志》；《冊府元龜》學校部目錄類著錄，又同於《舊唐志》。檢《世說新語．言語》篇「謝靈運好戴曲柄笠」條，劉孝標注引丘淵之《新集錄》云：「靈運，陳郡陽

夏人，祖玄，車騎將軍；父渙，秘書郎。靈運歷秘書監、侍中、臨川內史，以罪伏誅。」與寫卷注引基本相同。據寫卷及《世說》注引可知，丘淵之《晉義熙以來新集目錄》一書，不止著錄書名，當有作者小傳或解題。

②李登《聲類》

《述祖德詩》「秦趙欣來蘇」句注引《聲類》云：「(蘇)，更生也。」《聲類》十卷，三國魏李登撰，《隋志》及兩《唐志》并著錄。《通志・藝文略》小學類、《冊府元龜》學校部小學類著錄，同於《隋志》及兩《唐志》。李登，生平未詳。唐封演《封氏聞見記》卷二《文字》云：「魏時有李登，撰《聲類》十卷，凡一萬一千五百二十字，以五聲命字，不立諸部。」也就是說，《聲類》一書，不立韵目，但以宮、商、角、徵、羽列字，是書爲中國韵書之始。然而，對《聲類》，後世評價並不高。如《隋書・潘徽傳》載徽所撰《韵纂序》批評該書「全無引據，過傷淺局」。顏之推《顏氏家訓・音辭》篇云：「李登《聲類》，以系音羿……此例甚廣，必須考校。」其書今已不傳，清人陳鱣、任大椿、馬國翰、黃奭、顧震福各有輯本一卷。寫卷所引此條佚文，又見於玄應《一切經音義》卷十八、十九。

③張揖《古今字詁》

韋孟《諷諫》詩「諤諤黃髮」句注引張揖《字詁》云：「諤諤，語聲正直之貌。」張揖字稚讓，清河人（一云河間人），魏太和中博士（見顏師古《漢書敘例》），撰《古今字詁》三卷，《隋志》及《舊唐志》著錄（《舊唐志》作二卷），《通志・藝文略》小學類、《冊府元龜》學校部小學類著錄，與《隋志》同。《魏書・江式傳》載式延昌三年三月上表有云：「魏初博士清河張揖著《埤倉》、《廣雅》、《古今字詁》，究諸《埤》、《廣》，綴拾遺漏，增長事類，抑亦於文爲益者。然其《字詁》，方之許慎篇，古今體用，或得或失。」此書今已不傳，清人任大椿、馬國翰、黃奭、顧震福，近人龍璋，各有輯本一卷。此注所引，他處未見，爲輯佚家增添一條新內容。

④呂忱《字林》

張茂先《勵志詩》「熠熠霄流」句注引呂忱《字林》曰：「一一其詞也。」《字林》七卷，晉弦令呂忱（寫卷誤作「伉」）撰，《隋志》及兩《唐志》并著錄（《舊唐志》作十卷，案「十」當是「七」之訛）。《魏書・江式傳》載式延昌三年三月上表有云：「晉世義陽王典祠令任城呂忱表上《字林》六卷，尋其況趣，附託許慎《說文》，而案偶章句，隱別古籀奇惑之字，文得正隸，不差篆意也。」《封氏聞見記》卷二《文字》云：「晉有呂忱，更按群典搜求異字，復撰《字林》七卷，亦五百四十部，凡一萬二千八百二十四字，諸部依《說文》，《說文》所無者，是忱所益。」而陳振孫《直齋書錄解題》卷三小學類云：「《字林》五卷，晉𢵧令呂忱撰。太乙山僧雲勝注。案隋、唐《志》皆七卷，《三朝國史志》惟一卷，董氏《藏書志》三卷。其書集《說文》之漏略者凡五篇，然雜糅錯亂，未必完書也。」是南宋時陳振孫所見，已非完書。清人任大椿輯有《字林考逸》八卷，任氏云：「《字林》亡佚，當在宋、元之間，《通考》載李燾說，謂忱本書不可遽使散落，則南宋初已患散落矣。宋岳珂《九經三傳沿革例》詳列小學諸書，尚載《字林》。至戴侗《六書故》云『其傳於今，則有《說文》、《玉篇》、《類篇》諸書』。不及《字林》。然則元時《字林》不傳明矣。明修《永樂大典》，於每韵每字之首，臚列見有小學之書，略無遺漏，獨不見《字林》，則永樂時是書亡佚已久。」(《〈字林考逸〉例》)。陶方琦有《字林補逸》一卷。光緒丁酉成都龔向農先生刊有《字林考逸》補訂本，最爲完備。此注所引，不見他書徵引，爲輯佚家增添一新內容。

⑤江邃《文釋》

《勵志詩》「蒲盧縈繳，神感飛禽」句注引江邃《文釋》云：「蒲盧一名蒲且，楚人也，善弋射，著《弋射書》四篇。」又同篇「土積成山，歊蒸鬱冥」句注云：「《尸子・勸學》稱：『土積成丘，則楠梓豫章出焉；水積成川，則吞舟之魚生焉。夫學之積也，亦有出也。』亦出江邃《文釋》。」檢《宋書・禮志四》：「元嘉六年七月，太學博士徐道娛上議……有司奏下禮官詳判。博士江邃議」云云。又同篇「元嘉七年四月乙丑，有司奏曰：『《禮・喪服》傳云：有死於宮中者，則爲之三月不舉祭。今礿祀既戒，而掖庭有故。下太常依禮詳正。太學博士江邃、袁朗、徐道娛、陳珉等議，參互不同……，詔可。」又《宋書・沈演之傳》云：「元嘉十二年，東諸郡大水，民人飢饉，吳義興及吳郡之錢唐，升米三百。以演之及尚書祠部郎江邃并兼散騎常侍，巡行拯卹，許以便宜從事。」同篇又云：「演之昔與同使江邃字玄遠，濟陽考城人，頗有文義。官至司徒記室參軍。撰《文釋》，傳於世。」又《南史・江秉之傳》云：「秉之宗人邃之（案即邃）字玄遠，頗有文義，撰《文釋》傳於世，位司徒記室參軍。」《文釋》十卷，江邃撰，兩《唐志》集部總集類著錄，其書唐以後失傳，故晁公武《郡齋讀書志》、陳振孫《直齋書錄解題》皆未著錄。清人馬國翰《玉函山房輯佚書》輯有《文釋》佚文四條。寫卷注引之此二條，未見他書徵引，今所能考見之《文釋》佚文，僅此六條而已。

二、注文糾正了正文用典用事之誤

《述祖德詩》「展季救魯民」句，尤刻本李善注云：「展季，柳下惠也。劉向《列女傳》曰：『柳下惠妻誄之曰：蒙耻救人，德彌大兮。遂謚曰惠。』春秋僖公二十六年，齊孝公伐魯北鄙，公使展喜犒師。文侯未入境，喜從之，公曰：『魯人恐乎？』對曰：『小人則恐，君子則否。』文侯曰：『野無青草，室如懸磬，何恃而不恐？』對曰：『恃先王之命。昔周公太公，股肱周室，夾輔成王，成王賜之盟曰：世世子孫，不相侵害。』齊侯乃還。公使展喜犒師，使受命於展禽。」陳八郎本注云：「翰曰：展季，柳下惠也，既死，其妻誄之曰：蒙耻救人，德彌大也。」五臣此注，除刪削李善注引《左傳》僖公二十六年一段文字外，全襲李善注，無任何創意，於此可以不論。以善注而言，既引展季事，又引展喜事，李善明知謝詩用事將展喜誤爲展季，却未明白指出。寫卷注云：「展季謂柳下惠。依書傳，柳季無救魯民之文。其先展喜，春秋僖公時却齊師，疑爲季也。」此注既指出謝詩用事之誤，又簡明扼要予以注釋，使讀者能正確領會作者用事的意圖。

又同篇「弦高犒晉師」句，尤刻本李善注云：「《呂氏春秋》曰：『秦將興師伐鄭，賈人弦高遇之，曰：「寡君使臣犒勞以璧，膳以十二牛。」秦三帥對曰：「寡君使丙也術也視也於邊候瞖之道也，迷惑陷入大國之地。再拜受之。」』高誘曰：『瞖，國名也，音晉，今爲晉字之誤也。』《漢書音義》：『服虔曰：以師枯槁故饋之，猶食勞苦，謂之勞也。』《廣雅》曰：『犒，勞也。』」陳八郎本注云：「向曰：鄭商人弦高驅牛，將鬻於周，遇秦師襲鄭，因矯鄭伯之命，以犒諸秦軍，秦君以爲有備，遂退。此文云犒晉師，謝生之誤也。」與前一例相同，李善明知謝詩用事有誤，而不明言，逕引《呂氏春秋・悔過》篇所載弦高犒秦師事以釋之。五臣注，雖指出了謝詩用事之誤，却未徵引典籍以證之。寫卷注云：「弦高以牛十二頭犒秦師，無晉師之文，此亦爲誤。案僖三十二年，此秦伯使孟明等三帥伐鄭，鄭商人弦高將市於周。」此注既指出謝詩用事之誤，又節引《左傳》僖公三十二年文以證之，簡捷明瞭，爲他注所不及。

三、注文有較善注及五臣注勝者

《述祖德詩》作者題署「謝靈運」下，先注引丘淵之《新集錄》，次又注云：「謝靈運字靈運，陳郡（陽）夏人，小名客兒。晉世以仕，至宋時爲侍中。初爲永嘉太守，非其意，乃歸會稽，會稽太守孟顗譖之反，運乃馳入京自理，得免。乃遷之爲臨川內史，秩中二千石。於臨川取晉之疏從子弟養之，意欲興晉。後事發，徙居廣州，於廣州犯事被殺。其人性好急躁粗疏，曾謂孟顗云：『若生天在運前，若作佛在運後。』顗問何謂，運對曰：『丈人蔬食好善，故生天在前。作佛須智慧，丈人故在運後。』因此孟顗遂致恨之。孟顗是運之丈人。靈運作詩，意述其祖德。其祖玄，有功於晉。曾祖安，亦有功於晉世。」檢《宋書・謝靈運傳》，「謂孟顗」云云一段作「嘗謂顗曰：『得道應須慧業文人，生天當在靈運前，成佛必在靈運後』。《南史・謝靈運傳》此句作「嘗謂顗曰：『得道應須慧業，丈人生天在靈運前，成佛必在靈運後。』」寫卷作「丈人」與《南史》合，而《宋書》作「文人」且屬上句，反使文意不暢，恐誤。又注文云靈運「小名客兒」出《宋書・謝弘微傳》，而「孟顗是運之丈人」則不見於史傳，當別有所本。因之，決不可低估此注文的文獻價值。尤刻本李善注節引沈約《宋書・謝靈運傳》，簡述靈運里貫、仕履及廣州棄市的結局，陳八郎本「銑曰」云云，全襲善注。兩相比較，寫卷此注，較李善注爲勝。

《諷諫》詩「黼衣朱黻」句注：「黼，畫斧形，兩己相背曰黻也。」尤刻本李善注引應劭說用「衣上畫斧形」釋「黼」，與寫卷同。釋「朱黻」則異：「朱黻，上廣一尺，下廣二尺，長三尺，以皮爲之，古者上公服之。」陳八郎本注云：「翰曰：謂封爲諸侯，故得服黼黻。」檢《左傳》，昭公二十九年「爲九文」句杜預注：「黼若斧，黻若兩己相戾」。與寫卷合。《漢書・韋賢傳》注：「師古曰：朱紱爲朱裳畫爲亞文也，亞，古弗字，故因謂之。」王先謙補注引錢大昕說云：「亞字當作弫，兩己相背也。」亦與寫卷注合。因之，此注，較李善注爲勝。

又同篇「悠悠嫚秦，上天不寧」句寫卷注云：「以其政嚳，更選賢主。」此二句尤刻本李善無注，陳八郎本注云：「銑曰：天不安秦。」檢《說文・告部》：「嚳，急告之甚也。」段注：「急告猶告急也，告急之甚，謂急而又急也……按《白虎通》云：『謂之帝嚳者，何也？嚳者極也，教令窮極也。』窮極即急告引申之義。」因之，以「政嚳」釋「嫚秦」，貼切而形象，且可補李善及五臣注之闕。

《上責躬應詔詩表》作者題署「曹子建」下注云：「曹子建名植，武帝時依銅雀臺詩，門司馬門禁，於時御史大夫中謁者灌均奏之，遂不在後。文帝即位，念其舊事，乃封臨淄侯，又爲鄄城侯。唯與老臣二十許人。後太后適追之入朝，至関，乃將單馬輕向清河公主家求見。帝使人逆之，不得，恐其自死。后至，帝置之西館，未許之朝，故遣獻此詩，太后謂皇后、清河公主遣之。」此條注，乃刪節《三國志・魏書・曹植傳》及裴注引《魏略》而成。注文兩處略有小誤。（一）「武帝時依銅雀臺詩」句，《魏志》云：「時鄴銅雀臺新成，太祖悉將諸子登臺，使各爲賦，植援筆立成，可觀，太祖甚異之。」，寫卷此句，當作「武帝時依命作銅雀臺賦」，蓋傳鈔之際錯訛也。（二）「門司馬門禁」句，《魏志》云：「植嘗乘車行馳道中，開司馬門出」，注文「門司馬門禁」當爲「開司馬門禁」之誤。寫卷注「後太后適追之入朝」云云，乃是據裴注引《魏略》撰成。《魏略》云：「初植來到關，自念有過，宜當謝帝，乃留其從官，著關東，單將兩三人微行，入見清河長公主，欲因主謝而關吏以聞，帝使人逆之，不得見，太后以爲自殺也，對帝泣。」寫卷注「后至，帝置之西館，未許之朝，故遣謝此詩。太后謂皇后、清河公主遣之」云云，敘作詩原委，與植《表》文之「僻處西館，未奉闕庭」二句（寫卷已佚）相合。尤刻本作者題署下無注，「臣自抱釁歸蕃」句下李善注引植集曰云云，不切。陳八郎本「翰曰」云云，又過於簡略。兩相比較，寫卷此注，較善注及五臣注勝。

四、注文有與李善注異曲同工者

《述祖德詩》「明哲時經綸」句注：「經綸者，《尚書》云：『綸道經邦。』」尤刻本李善注引《周易》云：「君子以經綸。」寫卷所引，乃《尚書・周書》篇文，今本《尚書》作「論道經邦」，「論」與「綸」通。孔安國傳云：「佐王論道以經緯國事。」李善注引，乃《周易・屯》之文，孔穎達疏云：「經謂經緯，綸謂綱綸，言君子法此屯象，有爲之時，以經綸天下，約束於物。」寫卷引《尚書》，善注引《周易》，引書雖不同，却并能曲盡其妙。

又同篇「拂衣五湖裏」句注：「謂太湖，上湖，翮湖，石、貴湖也」。尤刻本李善注引張勃《吳錄》云：「五湖者，太湖之別名，周行五百餘里。」案五湖者，六朝以來說法不一，有謂五湖即太湖者（如李善注引《吳錄》）；有謂五湖指太湖附近之四個小湖，加上太湖爲五者，如《吳越春秋・夫差內傳》：「入五湖之中」，宋徐天祐注引韋昭說云：「胥湖、蠡湖、洮湖、滆湖，就太湖而五。」《水經・沔水》「南江又東北，爲長瀆歷河口」酈道元注云：「江南東注於具區，謂之五湖口。五湖，謂長塘湖，太湖，射、貴湖，滆湖也。」寫卷此注，當本之酈注，不過，「長塘湖」寫作「上湖」，「射、貴湖」寫作「石、貴湖」，名稍異耳。寫卷及李善注，各代表一家，可並存而不廢也。

以上，對俄ϕ242《文選注》作了初步的探討，寫卷之《文選》文本，在校勘學上，亦頗有價值。如《述祖德詩》「達人遺自我」，尤刻本、陳八郎本、明州本（日本足利學校藏宋明州州學所刊六家注本）、叢刊本（四部叢刊初編影南宋建陽刊六家注本）「遺」作「貴」。作「遺」與作「貴」，文意正相反：「遺自我」者謂忘掉自我，「貴自我」謂看重自我。寫卷作「遺」，似較各本爲勝。又同篇「委講輟道論」句，各本「輟」作「綴」。寫卷注：「輟，止。」各本作「綴」，而「綴」只有「連」、「繫」之意：《國語・齊語》「比綴以度」，韋昭注：「綴，連也。」《楚辭，遠逝》：「綴鬼谷於北辰」，王逸注：「綴，繫也」。「輟」才有「止」意：《爾雅・釋詁》：「輟，已也。」又《呂氏春秋・期賢》篇：「乃按兵輟，不敢攻之。」高誘注：「輟，止也。」又《穀梁傳》文公七年：「輟戰而奔秦」，何休注：「輟，止也。」寫卷注作「輟，止」，與上引各家說合，各本作「綴」誤也。又《諷諫》詩：「嫚被顯祖」，《漢書》同，《文選》各本「被」作「彼」。作「被」與作「彼」，文意有別。又同篇「岌岌其國」句注引應劭說：「岌岌，欲毀壞意也。」今本《漢書・韋賢傳》注引應劭說，「壞」下無「意」。細審文意，以有「意」爲勝，此注又可訂今本《漢書》之誤。此類例子尚多，因不是本文所要探討者，於此故略而不論。

《文選》陸機《演連珠》劉孝標注疏證 (1)

晉陸機撰，梁劉孝標注 (2)

臣聞日薄星迴，穹天所以紀物；山盈川沖，后土所以播氣。天地所以施生，日薄於天，星迴於漢。穹蒼所以紀陰陽之節，在山則實，在地則化，所以散剛柔之氣也。**五行錯而致用，四時違而成歲。**夫五行四時，佐天地造物者也。然水火相殘，金木相代，而共成陶鈞之致。春秋異候，寒暑繼節，而俱濟一歲之功也。**是以百官恪居，以赴八音之離；明君執契，以要克諧之會。**三才理通，趣舍不異，天地既然，人理得不効之哉！所以臣敬治其職，賡金石之別響，君執契居中，納鏗鏘之合韻(3)。

疏證

(1) 陸機《演連珠》五十首全文，及劉孝標注，錄自尤刻《文選》卷五五，今酌採李善及各家之說，略作疏證。張雲璈《選學膠言》卷二〇云：「《北史・李先傳》：『魏帝召先讀韓子《連珠論》二十二篇。』韓子即韓非子。韓非書中有《連語》，先列其目而後著其解謂之連珠。據此，則連珠之體昉於韓非。任昉《文章緣起》謂《連珠》始自揚雄，非矣。」李善云：「傅玄《敘連珠》曰：所謂連珠者，興於漢章之世，班固、賈逵、傅毅三子，受詔作之。其文體，辭麗而言約，不指說事情，必假喻以達其旨，而覽者微悟，合於古詩諷興之義。欲使歷歷如貫珠，易看而可悅，故謂之連珠。」

(2) 梁章鉅云：「按《隋志》：『演連珠，何承天注。』然則注都不僅孝標一人。」見《文選旁證》卷四四。

(3) 何焯云：「似是可否相成之義，注未昭暢。」見《義門讀書記》卷五。

臣聞任重於力，才盡則困，用廣其器，應博則凶。是以物勝權而衡殆，形過鏡則照窮。夫錙銖之衡，懸千斤之重；徑尺之鏡，照尋丈之形。用過其力，傷其本性，故在權則衡危，於鏡則照暗也。**故明主程才以效業，貞臣底力而辭豐。**由衡危鏡凶，哲人所以爲戒。故主則程其才而授官，臣則辭其豐而致力。此唐虞所以緝熙，稷契所以垂美也。

臣聞髦俊之才，世所希乏，丘園之秀，因時則揚。是以大人基命，不擢才於后土，明主聿興，不降佐於昊蒼。此章言賢人雖希，而無世不有。故亡殷三仁辭職(1)，隆周十亂入朝(2)。故明主之興，非天地特爲生賢才，在引而用之爲貴爾。

疏證

(1) 三仁，殷紂王之三臣。《論語・微子》：「孔子曰：殷有三仁焉。」正義云：「殷有三仁，志同行異也。微子去之，箕子爲之奴，比干諫而死者。」

(2) 十亂，指周武王之十臣。《尚書・泰誓》：「予有亂臣十人，同心同德。」陸德明音義曰：「十人，周公旦、召公奭、太公望，畢公，榮公，太顚，閎夭，散宜生，南宮适及文母。」亂，治。見《爾雅・釋詁》。案此條注文，與《辯命論》「虎嘯風馳，龍興雲屬。故重華立而元凱升，辛受生而飛廉進」數句，立意全同，可參證。

臣聞世之所遺，未為非寶，主之所珍，不必適治。是以俊乂之藪，希蒙翹車之招；金碧之巖，必辱鳳舉之使。言末代闇主，崇神棄賢，故俊乂無翹車之征，金碧有鳳舉之使也。

臣聞祿放於寵，非隆家之舉；官私於親，非興邦之選。是以三卿世及，東國多褻弊之政；五侯並軌，西京有陵夷之運。寵，謂五侯。親，謂三卿。言三桓專魯，而哀公見逐(1)。五侯用權，而漢氏以亡(2)。

疏證

(1) 三桓，謂仲孫、叔孫、季孫也。《論語・季氏》曰：「政逮於大夫四世矣，故夫三桓之子孫微矣。」何晏集解引孔安國注曰：「三卿皆出桓公，故曰三桓也。」東國，指魯。

(2) 五侯，指漢孝成帝舅氏五人。《漢書・元后傳》：「河平二年，上（孝成帝）悉封舅譚爲平阿侯、商成都侯、立紅陽侯、根曲陽侯、逢時高平侯。五人同日封，故世謂之『五侯』。」

臣聞靈輝朝覯，稱物納照；時風夕灑，程形賦音。是以至道之行，萬類取足於世；大化既洽，百姓無匱於心。言至道均被，萬物取而咸足，淳化普洽，百姓用而不匱，猶靈耀覯而品物納光，清風流而百籟含響也。

臣聞頓網探淵，不能招龍；振網羅雲，不必招鳳。是以巢箕之叟，不眄丘園之幣；洗渭之民，不發傅巖之夢。古之隱人，結巢以居，故曰巢父。或言即許由也。洗耳，一說巢父也。記籍不同，未能詳孰是(1)。又傳說築於傅巖，而精通武丁(2)，言巢許冥心長往，故無發夢之符。

疏證

(1) 李善云：「陸云洗渭，而劉之意云洗耳。據劉之意，則以洗渭爲洗耳乎？《呂氏春秋（・慎行）》曰：昔者堯朝許由於沛澤之中，曰：『請屬天下於夫子』。許由遂之箕山之下，潁水之陽。《琴操》曰：堯大許由之志，禪爲天子。由以其言不善，乃臨河而洗耳。」又云：「《魏子》曰：『昔者許由之立身也，恬然守志存己，不甘祿位，洗耳不受帝堯之讓，謙退之高也。』《益部耆舊傳》秦密對王商曰：『昔堯優許由，非不弘也，洗其兩耳。』皇甫謐《逸士傳》曰：巢父者，堯時隱人也。及堯讓位乎許由也，由以告巢父焉。巢父責由曰：『汝何不隱汝光？何故見若身，揚若名令聞？若汝非友也。』乃擊其膺而下之。由悵然不自得，乃過清冷之水，洗其耳。（案：《世說新語・排調》「孫子荊年少時欲隱」條劉孝標注引《逸士傳》云：「許由爲堯所讓，其友巢父責之。由乃過清冷水洗耳拭目，曰：『向聞貪言，負吾之友。』」與此略異。）皇甫謐《高士傳》云：巢父聞許由之爲堯所讓也，以爲污，乃臨池水而洗耳。譙周《古史考》曰：許由，堯時人也。隱箕山，恬泊養性，無欲於世。堯禮待之，終不肯就。時人高其無欲，遂崇大之，曰：堯將以天下讓許由，由恥聞之，乃洗其耳。或曰：又有巢父與許由同志。或曰：許由夏常居巢，故一號巢父。不可知也。凡書傳言許由則多，言巢父者少矣。范曄《後漢書（逸民傳）》嚴子陵謂光武曰：『昔唐堯著德，巢父洗耳。士故有志，何至相迫乎？』然書傳之說洗耳，參差不同。陸既以巢箕爲許由，洗耳爲巢父，且復水名不一，或亦洗於渭乎。」

（2）傅說，商王武丁的輔佐。《尚書・說命》：「高宗（即武丁）夢得說，使百工營求諸野，得諸傅巖。」僞孔傳：「夢得賢相，其名曰說，使百官以所夢之形象經求之於野，得之於傅巖之谿。」

臣聞鑒之積也無厚，而照有重淵之深；目之察也有畔，而眂周天壤之際。何則？應事以精不以形，造物以神不以器。是以萬邦凱樂，非悅鍾鼓之娛；天下歸仁，非感玉帛之惠。鏡質薄而能照，目形小而能視，以其精明也。故聖人以至精感人，至神應物，爲樂不假鐘鼓之音，爲禮不待玉帛之惠，此所感之至也。

臣聞積實雖微，必動於物；崇虛雖廣，不能移心。是以都人冶容，不悅西施之影。乘馬班如，不輟太山之陰。美女之影，不惑荒淫之人；高山之陰，不止不進之馬。虛實之驗在茲也。

臣聞應物有方，居難則易；藏器在身，所乏者時。是以充堂之芳，非幽蘭所難；繞梁之音，實縈絃所思。此章言賢明有才，不遇知者，所以自古爲難。芬芳之氣罕有，而幽蘭豐其氣，才明之術所希，而賢人懷其術。然則縈曲之絃，無繞梁以盡妙（1），不世之姿，寡明時以取窮。

疏證

（1）李善云：「劉云縈曲之絃，謂絃被縈曲而不申者也。言縈曲之絃，思繞梁以盡妙，以喻藏器之士，候明時以傚績。」

臣聞智周通塞，不為時窮；才經夷險，不為世屈。是以凌飆之羽，不求反風；耀夜之目，不思倒日。鳶鶚能飛，不假風力。鵂鶹夜見，豈藉還曜？此與聖人通塞而不窮，夷險而不屈，何以異哉！

臣聞忠臣率志，不謀其報；貞士發憤，期在明賢。是以柳莊黜殯，非貪瓜衍之賞；禽息碎首，豈要先茅之田？夫黜屍以明諫 (1)，觸車以進賢 (2)，並發之於忠誠，豈有求而然哉！

疏證

（1）黜屍明諫，指史魚。李善引《韓詩外傳》（卷七）曰：「昔衛大夫史魚病且死，謂其子曰：『我數言蘧伯玉之賢，而不能進，彌子瑕不肖，而不能退。死不當居喪正堂，殯我於室足矣。』衛君問其故，子以父言聞於君。乃召蘧伯玉而貴之，彌子瑕退之。徙殯於正堂，成禮而後去。可謂生以身諫，死以屍諫。然經籍唯有史魚黜殯，非是柳莊，豈爲書典散亡，而或陸氏謬也。」案朱珔《文選集釋》卷二四云：「案屍諫亦見《大戴禮·保傅篇》，皆謂史魚。而《禮記·檀弓》言衛有太史曰柳莊，疾革，獻公方祭，不釋服而往，遂以襚之。與此言殯相類，疑士衡因以致誤。」

（2）觸車進賢，指禽息。梁章鉅《文選旁證》卷四四云：「《後漢書·朱穆傳》注引《韓詩外傳》云：『禽息，秦大夫，薦百里奚，不見納。繆公出，當車以頭擊闑，腦乃精出』云云。」

臣聞利眼臨雲，不能垂照；朗璞蒙垢，不能吐輝。是以明哲之君，時有蔽壅之累；俊乂之臣，屢抱後時之悲。言讒人在朝，君臣否隔。明君時有蔽壅，喻利眼臨雲而息照。俊乂後時而屢歎，喻朗玉蒙垢而掩輝。

臣聞郁烈之芳，出於委灰，繁會之音，生於絕絃。是以貞女要名於沒世，烈士赴節於當年。香以燔質而發芳，絃以特絕而流響。喻貞女沒身而譽立，烈士效節而名彰也。

臣聞良宰謀朝，不必借威；貞臣衛主，脩身則足。是以二晉之強，屈於齊堂之俎；千乘之勢，弱於陽門之哭。晏嬰立威於樽俎 (1)，子罕慟哭於介夫 (2)，終使晉人輟謀，齊宋不撓。良宰貞臣，有効於斯者也。

疏證

（1）晏嬰，春秋齊相。李善注引《晏子春秋（內篇・雜上）》：「晉平公使范昭觀齊國政。景公觴之。范昭起曰：『願得君之樽為壽。』公命左右酌樽以獻，晏子命撤去之。范昭不悅而起舞，顧太師曰：『為我奏成周之樂。』太師曰：『盲臣不習也。』范昭歸謂平公曰：『齊未可并。吾欲試其君，晏子知之。吾欲犯其樂，太師知之。』於是輟伐齊謀。孔子聞曰：『善。不出樽俎之間，而折衝千里之外，晏子之謂也。』」

（2）介夫，甲衛士。《禮記・檀弓下》：「晉人之覘宋者，反報於晉侯曰：『陽門之介夫死，而子罕哭之哀，而人說，殆不可伐也。』孔子聞之曰：『善哉覘國乎！』」

臣聞赴曲之音，洪細入韻；蹈節之容，俯仰依詠。是以言苟適事，精粗可施；士苟適道，修短可命。此言取其正事而已，豈復係門閥乎？婁敬一言，漢以遷都(1)；醜女暫說，齊以為后(2)。亦猶鼓缶而會時，搖頭而韻曲也。

疏證

（1）漢有天下，都洛陽。漢五年，婁敬入說高祖，高祖即日西都關中。事見《史記・劉敬叔孫通列傳》。

（2）醜女，鍾離春。《列女傳・鍾離春傳》：鍾離春者，齊無鹽邑之女，其為人極醜，年四十無人問者，乃拂試短褐自詣齊宣王，以「四殆」說王，王大悅，於是拜無鹽為后，齊乃大安。

臣聞因雲灑潤，則芬澤易流；乘風載響，則音徽自遠。是以德教俟物而濟，榮名緣時而顯。此言物有因而易彰也(1)。

疏證

（1）《論衡・逢遇篇》：「賢不賢，才也；遇不遇，時也。」此注立意全本於此。

臣聞覽影偶質，不能解獨；指迹慕遠，無救於遲。是以循虛器者，非應物之具；翫空言者，非致治之機。此言為事非虛，立功須實。故三章設而漢隆(1)，玄言流而晉滅(2)，此其驗也。

疏證

（1）三章，指漢高祖約法三章。《史記・高祖本紀》：「與父老約，法三章耳：殺人者死，傷人及盜抵罪。」

（2）玄言流而晉滅，《晉書・儒林傳序》：「有晉始自中朝，迄於江左，莫不崇飾華競，祖述玄虛。擯闕里之典經，習正始之餘論。指禮法爲流俗，目縱誕以清高。遂使憲章弛廢，名教頹毀。五胡乘間而競逐，兩京繼踵以淪胥。運極道消，可爲長歎息者矣。」

臣聞鑽燧吐火，以續湯谷之晷；揮翮生風，而繼飛廉之功。是以物有微而毗著，事有瑣而助洪。物有小而益大，不可忽也。若緹縈獻書而除肉刑（1），此其例也。

疏證

（1）緹縈，漢臨淄人淳于意女。《列女傳・緹縈》：意無男，止五女。文帝時，意有罪當刑，詔獄繫長安，時肉刑尚在。意罵其女曰：『生子不生男，緩急非有益。』緹縈悲泣，隨父至長安，上書願入身爲奴，以贖父罪。帝憐之，下詔除肉刑，意乃得免。

臣聞春風朝煦，蕭艾蒙其溫；秋霜宵墜，芝蕙被其涼。是故威以齊物為肅，德以普濟為弘。《春秋》不以善惡殊其彫榮，人君不以貴賤革其賞罰。故《詩》云：「柔亦不茹，剛亦不吐」也（1）。

疏證

（1）「柔亦不茹」二句，乃《詩・大雅・烝民》句。孔穎達正義：「人之恒性，莫不柔濡者則茹食之，堅剛者則吐出之，喻見前敵寡弱者則侵侮之，強盛者則避畏之，言凡人之性莫不皆爾。維有仲山甫則不然，雖柔亦不茹，雖剛亦不吐。」

臣聞巧盡於器，習數則貫；道繫於神，人亡則滅。是以輪匠肆目，不乏奚仲之妙；瞽叟清耳，而無伶倫之察。此言事在外則易致，妙在內則難精。奚仲巧見於器，故輪工能繼其致也（1）。伶倫妙在其神，故樂人不傳其術也（2）。

疏證

（1）奚仲，古之作車者。《說文・車部》：「車，輿輪之總名也，夏后時奚仲所造。」

（2）伶倫，皇帝時樂師。《呂氏春秋・古樂》：「昔黃帝令伶倫作爲律。」

臣聞性之所期，貴賤同量；理之所極，卑高一歸。是以准月稟水，不能加涼；晞日引火，不必增輝。言物雖貴賤殊流，高卑異級，至其極也，殊塗共歸。雖方諸稟水於月，而不加於水之涼；陽燧取火於日，不加於火之輝也(1)。

疏證

（1）方諸，古於月下承取露水之器。陽燧，古取火於日之器。《周禮・秋官・司烜氏》：「司烜氏掌以夫遂取明火於日，以鑒取明水於月。」鄭玄注：「夫遂，陽燧也。」「取水者，世謂之方諸。」《論衡・亂龍》：「今伎道之家，鑄陽燧取飛火於日，作方諸取水於月。」

臣聞絕節高唱，非凡耳所悲；肆義芳訊，非庸聽所善。是以南荆有寡和之歌，東野有不釋之辯。商鞅言帝王之術，而孝公以之睡(1)，此其義也。

疏證

（1）孝公，秦孝公。《史記・商君列傳》：「孝公既見衛鞅，語事良久，孝公時時睡，弗聽，罷而孝公怒景監曰：『子之客妄人耳，安足用邪？』景監以讓衛鞅，鞅曰：『吾說公以帝道，其志不開悟矣。』」

臣聞尋煙染芬，薰息猶芳，徵音錄響，操終則絕。何則？垂於世者可繼，止乎身者難結。是以玄晏之風恒存，動神之化已滅。周孔以禮樂訓世，故其跡可尋。倪惠以堅白爲辭(1)，故其辯難繼。是以唐虞遠而淳風流存，蘇張近而解環易絕也(2)。

疏證

（1）倪惠，王倪與惠施，善辯。見《莊子》之《齊物論》《應帝王》《天地》《天下》等篇。堅白，謂堅石白馬之辯。《莊子・齊物論》：「彼非所明而明之，故以堅白之昧終。」陸德明音義：「司馬云：謂堅石白馬之辯也。又云：或曰：設矛伐之說爲堅，辯白馬之名爲白。」

（2）蘇張，蘇秦、張儀。解環易絕，《戰國策・齊策》六：「秦始皇嘗使使者遺君王后玉連環，曰：『齊多知，而解此環不？』君王后以示群臣，群臣不知解。君王后引椎椎破之，謝秦使曰：『謹以解矣。』」這裡有藉此比喻蘇張之辯巧而猾之意。

臣聞託闇藏形，不為巧密；倚智隱情，不足自匿。是以重光發藻，尋虛捕景；大人貞觀，探心昭忒。日月發輝，既尋虛而捕影，欲藏形而託暗，豈得施其巧密乎？以喻聖人正見，既探心而明惑，欲隱情而倚智，豈足自匿其事乎？

臣聞披雲看霄，則天文清；澄風觀水，則川流平。是以四族放而唐劭，二臣誅而楚寧。凶邪亂正，亦由浮雲蔽天。疾風激水，故舜流四凶而朝穆穆(1)。楚戮費鄢而王道洽也(2)。

疏證

（1）四兇，指共工、驩兜、三苗、鯀。《尚書‧舜典》：「（舜）流共工於幽州，放驩兜於崇山，竄三苗於三危，殛鯀於羽山，四罪而天下咸服。」

（2）費，費無極。鄢，鄢將師。二人皆楚之讒臣。《左傳》昭公二十七年，沈尹戌言於子常曰：「夫無極，楚之讒人也……去朝吳，出蔡侯朱，喪太子建，殺連尹奢……子而弗圖，將焉用之？夫鄢將師矯子之命……楚國若有大事，子其危哉。」子常曰：「是瓦之罪也，敢不良圖！」殺費無極、鄢將師，盡滅其族，謗言乃止。

臣聞音以比耳為美，色以悅目為歡。是以眾聽所傾，非假百里之操；萬夫婉孌，非俟西子之顏。故聖人隨世以擢佐，明主因時而命官。物之企競，由乎不足。政之不治，才不合時故也。心苟自足，不假美女之麗；用會其朝，不勞稷契之賢矣。

臣聞出乎身者，非假物所隆；牽乎時者，非克己所勗。是以利盡萬物，不能叡童昏之心；德表生民，不能救棲遑之辱。下愚由性，非假物所移；弊俗係時，非克己能正。是以放勳化被四表，不革丹朱之心(1)；仲尼德冠生人，不救棲遑之辱。

疏證

（1）放勳，堯。《尚書‧堯典》：「曰若稽古帝堯，曰放勳，欽明文思安安。允恭克讓，光被四表，格於上下。」丹朱，堯之不肖子。李善引劉向上疏曰：「雖有堯舜之聖，不能化丹朱。」

臣聞動循定檢，天有可察；應無常節，身或難照。是以望景揆日，盈數可期；撫臆論心，有時而謬。檢，謂定檢，不瀾漫也。此言晷景有節，尺圭可以知其數；深情難測，淵識不能知其心。故光武蔽於龐萌(1)，魏武失之張邈(2)。

疏證

(1) 龐萌，山陽人。萌爲人遜順，甚見信愛。光武常稱之，曰：「可以託六尺之孤，寄百里之命者，龐萌是也。」遂拜萌爲平狄將軍。後萌反，帝聞之大怒，乃自將討萌，與諸將書曰：「吾常以龐萌社稷之臣，將軍得無笑其言乎？老賊當族。」萌兵潰見殺。見《後漢書・王劉張李彭盧列傳》。

(2) 張邈，漢末人。邈素與曹操、袁紹友善。董卓之亂，操與邈首舉義兵，邈後歸操。時袁紹爲盟主，使操殺邈，操不聽。後邈終叛操。事見《三國志・魏志・呂布臧洪傳》。

臣聞傾耳求音，眡優聽苦；澄心徇物，形逸神勞。是以天殊其數，雖同方不能分其感；理塞其通，則並質不能共其休。耳之與目，同在於身。而苦樂有殊，不能相救。良由造化隔其通，七竅理其用也。

臣聞遯世之士，非受匏瓜之性；幽居之女，非無懷春之情。是以名勝欲，故偶影之操矜；窮愈達，故凌霄之節厲。名則傳之不朽，窮則身居萬全，故謂之勝。所以烈士貞女，棄彼而取此也。

臣聞聽極於音，不慕鈞天之樂；身足於蔭，無假垂天之雲。是以蒲密之黎，遺時雍之世；豐沛之士，忘桓撥之君。搖頭鼓缶，秦之樂也。秦人樂之，此故不願天帝之音，故子路之惠政(1)，卓茂之仁恕(2)，豐沛之甄復(3)，三者自足其樂矣，豈復思時雍桓撥之治哉(4)？

疏證

(1) 子路，孔子弟子。李善引《家語（辯政）》曰：「子路爲蒲宰，夫子入其境而歎。子貢執轡而問曰：『夫子未見由，而三稱善，何也？』曰：『吾入其境，田疇甚易，草萊甚辟，此恭敬以信，故其人盡力也。入其邑，墉屋甚嚴，樹木甚茂，此忠信以寬，故其民不偷也。至其庭甚閑，此明察以斷，其民不擾也。』」

（2）卓茂，字子康，南陽宛人，性寬仁恭愛。光武即位，訪求茂，下詔曰：「前密令卓茂，束身自修，執節淳固，誠能爲人所不能爲。夫名冠天下，當受天下重賞。」事見《後漢書・卓茂傳》。

（3）豐沛，皆地名，漢高祖故里。沛爲郡，豐爲縣。　甄復，指漢高祖以豐沛爲其湯沐邑，復其民之事。見《史記・高祖本紀》。李善云：「豐沛，謂漢也。」

（4）時雍，謂堯。《尚書・堯典》：「黎民於變時雍。」　桓撥，謂殷。《詩・商頌・長發》：「玄王桓撥，受小國是達。」

臣聞飛轡西頓，則離朱與矇瞍收察；懸景東秀，則夜光與武夫匿耀。是以才換世則俱困，功偶時而並劭。運若時來，則賢明易興；數逢澆季，則愚聖一揆。故堯在朝而舜登庸，哀公居位而仲尼逐也(1)。

疏證

（1）此與《辯命論》之「重華立而元凱升，辛受生而飛廉進」二句同義，可參讀。

臣聞示應於近，遠有可察；；託驗於顯，微或可包。是以寸管下傃，天地不能以氣欺；尺表逆立，日月不能以形逃。寸管，黃鍾九寸之律，以灰飛，所以辨天地之數，即示近之義也。以夏至立丈二表於陽城，表觀其晷影，以知日月之度，斯所謂託驗於顯者也。

臣聞絃有常音，故曲終則改；鏡無畜影，故觸形則照。是以虛己應物，必究千變之容；挾情適事，不觀萬殊之妙。常音，謂君臣宮商之音。夫弦節有恆，清濁之聲難越，對物有恆，則應化之功不廣。然明鏡無心，物來斯照。聖人玄同，感至皆應。是以滯有之與懷豁，道難得而校也。

臣聞柷敔希聲，以諧金石之和；鼙鼓疏擊，以節繁絃之契。是以經治必宣其通，圖物恒審其會。大道上環中，理貴特會。希發而節樂者，擊一柷之功也。一契而御眾者，聖人之能也。

臣聞目無嘗音之察，耳無照景之神。故在乎我者，不誅之於己；存乎物者，不求備於人。言爲政之道，恕己及物也。耳目在身，施之異務，不以通塞之故而誅之於己。是以存乎物者，豈求其備哉？

臣聞放身而居，體逸則安；肆口而食，屬厭則充。是以王鮪登俎，不假吞波之魚；蘭膏停室，不思銜燭之龍。此欲令各當其所，而無企羨之心，抑亦在鵬鷃之義也（1）。

疏證

（1）鵬，鵬鳥。鷃，斥鴳。《莊子・逍遙遊》：「有鳥焉，其名爲鵬，背若太山，翼若垂天之雲，搏扶搖羊角而上者九萬里，絕雲氣，負青天，然後圖南，且適南冥也。斥鴳笑之曰：『彼且奚適也？我騰躍而上，不過數仞而下，翱翔蓬蒿之間，此亦飛之至也。而彼且奚適也？』」

臣聞衝波安流，則龍舟不能以漂；震風洞發，則夏屋有時而傾。何則？牽乎動則靜凝，言舟牽乎水，波靜而舟定，故曰靜凝也。**係乎靜則動貞。**言屋係乎地，風動而屋傾，是動貞也。**是以淫風大行，貞女蒙冶容之悔；淳化殷流，盜跖挾曾史之情。**此謂物無常性，惟化所珍。故水本驚蕩，風靜則安；屋本貞堅，風來則傾。亦由貞專之女，值淫奔之俗，或有桑中之心。凶虐之人，被淳風之化，當挾賢士之義。

臣聞達之所服，貴有或遺；窮之所接，賤而必尋。是以江漢之君，悲其墜屨；少原之婦，哭其亡簪。言人居窮則志篤，處達則恩輕。是以楚君施轡，激三軍之澆俗（1）；少原流慟，誚輕薄之頹風（2）。

疏證

（1）楚君，楚昭王。李善引《賈子》（賈誼《新書》）曰：「楚昭王與吳人戰，軍敗走，昭王亡其踦屨，已行三十步，後還取之。左右曰：『大王何惜於此？』昭王曰：『楚國雖貧，豈無此一踦屨哉！吾悲與之偕出，而不與之偕反。』於是楚俗無相棄者。」

（2）少原流慟，謂少原婦哭其亡簪。李善注引《韓詩外傳》（卷九）：孔子出遊少原之野，有婦人中澤而哭，甚哀。孔子怪之，使弟子問焉，婦人對曰：「向者刈著薪而亡吾簪，是以哀。」孔子曰：「刈著薪而亡著簪，有何悲也？」婦人曰：「非傷亡簪，吾所以悲者，不忘故也。」

臣聞觸非其類，雖疾弗應；感以其方，雖微則順。是以商飇漂山，不興盈尺之雲；谷風乘條，必降彌天之潤。故暗於治者，唱繁而和寡；審乎物者，力約而功峻。商風漂蕩，本無興雲之候。暗君政亂，不能懷百姓之心。至谷風習習，必陰必雨，明主在上，則天下自安也。

臣聞煙出於火，非火之和；情生於性，非性之適。故火壯則煙微，性充則情約。是以殷墟有感物之悲，周京無佇立之跡。殷墟，謂紂也。周京，幽王也。棄性逐欲，遂令身死，國家爲墟。故微子視麥秀而悲殷 (1)，周大夫見禾黍而悲感者也 (2)。

疏證

（1）微子悲殷，指箕子作《麥秀》之詩。《史記・宋微子世家》：「箕子朝周，過故殷墟，感宮室毀壞，生禾黍，箕子傷之……乃作《麥秀》之詩以歌詠之。」

（2）周大夫感周，作《黍離》之詩。《詩・王風・黍離》毛序：「《黍離》，閔宗周（周都鎬京）也。周大夫行役至於宗周，過故宗廟宮室，盡爲禾黍，閔周室之顛覆，彷徨不忍去而作是詩也。」

臣聞適物之技，俯仰異用；應事之器，通塞異任。是以鳥栖雲而繳飛，魚藏淵而網沈；賁鼓密而合響，朗笛疏而吐音。賢聖之道，動合物宜，隨俗污隆，用行其正，取其濟物而已。由求鳥必高其繳，須魚必沈其網也。

臣聞理之所守，勢所常奪；道之所閉，權所必開。是以生重於利，故據圖無揮劍之痛；義貴於身，故臨川有投迹之哀。性命之道，含靈所惜，以利方生。則生重利，不以利喪生，是理之所守，道之所閉也。以身方義，則義貴身，而以義棄身，是勢之所奪，權所必開也。是以據圖無揮劍之痛 (1)，以利輕於生；臨川有投迹之哀 (2)，以身輕於義。

疏證

（1）據圖，據天下之圖。《文子・上義》曰：「左手據天下之圖，而右手刎其喉，愚者不爲，身貴於天下也。」

（2）臨川投迹，指北人無擇。《莊子・讓王》：「舜以天下讓其友北人無擇，北人無擇曰：『異哉后之爲人也，居於畎畝之中而遊堯之門！不若是而已，又欲以其辱行漫我。吾羞見之。』因自投清泠之淵。」

臣聞通於變者，用約而利博；明其要者，器淺而應玄。是以天地之賾，該於六位；萬殊之曲，窮於五絃。事得其要，雖寡而用博。易之六爻，該綜萬象；琴之五弦，備括眾聲。

臣聞圖形於影，未盡纖麗之容；察火於灰，不睹洪赫之烈。是以問道存乎其人，觀物必造其質。此言令人尋本而棄末也。

臣聞情見於物，雖遠猶疏；神藏於形，雖近則密。是以儀天步晷，而脩短可量；臨淵揆水，而淺深難察。天布列象，物所以知其度，此即遠猶疏；淵之積水，人所不能測，此即藏於器也。

臣聞虐暑薰天，不減堅冰之寒；涸陰凝地，無累陵火之熱。是以吞縱之強，不能反蹈海之志；漂鹵之威，不能降西山之節。言勢有極也。虐暑涸陰之隆，不能易火冰之性；吞縱漂鹵之威(1)，不能移貞介之節(2)。

疏證

（1）吞縱，指秦。李善云：「六國為縱，而秦滅之，故曰吞縱。」漂鹵，即漂櫓。漂櫓之威，亦謂秦。賈誼《過秦論》：「秦有餘力而制其弊，追亡逐北，伏尸百萬，流血漂櫓。」

（2）貞介之節，指魯仲連義不帝秦事。見《史記・魯仲連列傳》。

臣聞理之所開，力所常達；數之所塞，威有必窮。是以烈火流金，不能焚景；沈寒凝海，不能結風。金為火所流，海為寒所凝，此是理開而常達也。然則能流金而不能焚景，能凝海而不能結風，此理閉而所窮也。

臣聞足於性者，天損不能入；貞於期者，時累不能淫。是以迅風陵雨，不謬晨禽之察；勁陰殺節，不凋寒木之心。夫冒霜雪而松柏不凋，此由是堅實之性也。天雖損，無害也。雞善伺晨，雖陰晦而不輟其鳴，此謂時累不能淫也(1)。

疏證

（1）朱珔曰：「案《詩・鄭風》：『風雨如晦，雞鳴不已。』序云：『風雨，思君子也，亂世則思君子，不改其度焉。』故鄭箋云：『雞不為如晦而止不鳴。』正此文所本。」見《文選集釋》卷二四。

天津藝術博物館藏《文選集注》殘卷考

天津市藝術博物館藏《文選集注》殘卷，是藏於日本、並爲彼邦所影印的《文選集注》卷四八上（上野精一氏藏）與卷四八下（佐佐木信綱氏藏）之間的部分，與之拼合後，字迹形制完全相同，內容文字完全銜接，無有闕失，當是同一寫卷的一個片斷。該寫卷起陸機《於承明作與士龍一首》之篇題，訖《贈顧交阯公眞一首》之「巨海猶縈帶」句李周翰注「交州去」止，存詩四首：陸機《於承明作與士龍一首》、《贈尚書郎顧彥先二首》、《贈顧交阯公眞一首》（闕末二句），共一五七行。

這一五七行《文選集注》寫卷，保存了李善注三一條，《文選鈔》三二條，《文選音決》三一條，五臣注二八條，陸善經注一六條。

這些注語，其李善注、五臣注與今本《文選》（國家圖書館藏、中華書局影印宋淳熙八年尤袤刊李善注《文選》，簡稱尤刻本；臺灣藏並影印宋紹興三十一年建刊本五臣注《文選》，簡稱五臣本；日本影印足利學校所藏宋明州州學刊五臣李善注《文選》，簡稱明州本；四部叢刊影南宋建刊本李善五臣注《文選》，簡稱叢刊本；韓國影印彼邦奎星閣所藏明宣德三年翻宋元祐九年秀州州學刊五臣李善注《文選》簡稱奎章閣本）之李善注、五臣注，文字頗有異同。其所保存的《文選鈔》、《文選音決》、陸善經注的這部分，惟此卷載之，並不見於他處，猶爲寶貴。下面，分別論之。

一

《於承明作與士龍》「婉孌居人思，紆鬱遊子情」句李善注：「《方言》曰：『惋，歡也。惋與婉古字通。』」今各本「婉」下有「同」字。案所引《方言》，見卷一三。集注本「惋與婉古字通」語意已足，不必再於「婉」下加「同」字，各本衍，當刪。「明發遺安寐，寤言涕交纓」句李善注：「《淮南子》曰：『雍門子以哭見孟嘗君，涕流霑纓。』」「哭」字尤刻本、奎章閣本作「琴」。案此引乃《淮南子・繆稱》篇文，《淮南子》作「哭」，尤刻本、奎章閣本作「琴」誤。「永安有昨軌，承明子棄予」句李善注：「《毛詩》曰：『棄予如遺，。』」明州本、叢刊本、奎章閣本「遺」下有「也」。案所引《毛詩》見《小雅・谷風》。「也」字衍，當刪。「感別慘舒翮，思歸樂遵渚」句李善注：「《毛詩》曰：『飛鴻遵渚。』」案所引《毛詩》，見《豳風・九罭》。「毛詩」上，各本有「鄺炎詩曰舒吾凌霄羽」九字・案此九字是否李善注，俟考。

《贈尚書郎顧彥先》（其一）「大火貞朱光，積陽熙自南」句，李善注：「朱光，明也。」各本作「朱光，朱明也」。案各本作「朱明」者，因下文引《爾雅・釋天》「夏爲朱明」之故也，細玩文意，似以無「朱」爲是。各本衍。「望舒離金虎，屛翳吐重陰」句李善注：「《楚詞》曰：『并號起雨』，王逸曰：『并，并翳，雨師也。』「并并翳」，尤刻本作「屛翳」，「屛」上空一格，明州本作「并并韓」，叢刊本作「并并翳」，奎章閣本作「屛屛翳」。又「雨師也」，各本「師」下有「名」。案今本《楚辭・天問》王逸注作「蓱，蓱翳，雨師名也」。案「并」與「蓱」同，尤刻本脫一「屛」字，明州本「翳」作「韓」，並誤也。「與子隔蕭墻，蕭墻隔且深」句，李善注：「《論語》曰：子曰：『吾恐季孫之憂，在蕭墻之內。』」各本「內」下有「也」。案敦煌本《論語・季氏》（伯三四三三）亦無「也」，與集注本合，然存伯二一二三、伯三七四五之《論語》寫卷並有「也」字，是當時有「也」與無「也」之本並存也。（其二）「玄雲拖朱閣，振風薄綺疏」句李善注：「風以動物，故謂之振。」各本「振」下有「孔安國尚書傳曰薄迫也」十字。案集注本此下之《文選鈔》有「薄，迫也」之注，可證李善注原無此十字，當是後人妄增，當刪。「豐注溢修溜，黃潦浸階除」句李善注：「《南都賦》曰：『潢淹潦獨臻。，《說文》曰：『除，殿階也。』」各本無「南都賦曰」以次九字。又各本「《說文》曰」下作「潦雨水也又曰除殿階也」。案各本無「南都賦」以次九字，而爲集注本所獨有，是否鈔時增人，俟考。又「說文曰」以下之「潦雨水也」四字，因集注本下文《文選鈔》有「《說文》云：『潦，雨水也』」，可證各本李善注引《說文》之「潦雨水也」四字，乃後人妄增，當刪。「沉稼湮梁穎，流民沂荆徐」句李善注：「梁、穎川，二郡名也。」各本無「川」字，「也」下有「毛萇詩傳曰沂向也」八字。案毛傳無「沂」字之訓，《大雅・公劉》「遡其過澗」，毛傳曰：「遡，鄉也。」《釋文》云：「『鄉』，本又作『向』。」此八字李善注原無，當是後人妄增。

《贈顧交阯公眞》「伐鼓五嶺表，揚旌萬里外」句李善注：「裴渕《廣州記》：『五嶺云大庾、始安、臨賀、桂陽。』」各本「渕」作「淵」，「桂陽」下有「揭陽」。淵，集注本作「渕」，避唐諱也。《漢書・張耳傳》「南有五嶺之成」句顏師古注引裴氏《廣州記》云：「大庾、始安、臨賀、桂陽、揭陽，是爲五嶺。」集注本脫「揭陽」二字，當補。「高山安足凌，巨海猶縈帶」句李善注：「《古辯異博遊》曰：『眾星累累如連具，江河四海如衣帶。』」「辯」字奎章閣本作「辨」,「具」字各本作「貝」。案《太平御覽》卷七引作「《古辯異》云:『仰觀天形如車蓋,眾星累累如連珠。』」細玩文意,以作「貝」爲是,集注本誤。然此條注文,保存了此佚書書名之全稱:《古辯異博游》,《御覽》所錄乃省文,此注與《御覽》所引可互相補正。

二

《於承明作與士龍》篇題下劉良注云:「機從吳人洛,與弟士龍別於長林亭,作詩與士龍述相思意也。」五臣本、明州本、叢刊本、奎章閣本「機」前有「承明亭名」四字。案此前《文選鈔》已有「承明,亭名,今在蘇州北」之注,集注本於是刪削五臣此條注文也。「牽世嬰時網,駕言遠徂征」句呂延濟注:「駕言,謂駕車馬出遊。」「遊」下五臣本、明州本、叢刊本、奎章閣本有「也徂往征行也」六字。案此前之《文選鈔》已有「徂往,征行也」之訓,集注本於此從略也。「婉孌居人思,紆鬱游子情」句劉良注:「婉孌,深思貌。」五臣本、明州本、叢刊本、奎章閣本此下有「居人,謂士龍也。」案此前之《文選鈔》已有「居人,謂住人,屬士龍」之注,於此故從略。「南歸憩永安,北邁頓承明」句張銑注:「南歸,謂弟也。北邁,自屬也矣。」「也」下五臣本、明州本、叢刊本、奎章閣本有「憩息頓止也永安承明皆亭名」十二字。案此前之李善注已引《召南·甘棠》「召伯所憩」句毛傳:「憩,息也」,《文選鈔》有「頓,止也。承明,亭名也」之注,集注本於此從略。「感別慘舒翮,思歸樂遵渚」句張銑注云:「慘舒翮,謂如鳥分飛,慘然不能進飛,亦如我不能進行也。舒,進也。」五臣本、明州本、叢刊本、奎章閣本無「也舒進也」四字。案此「舒進也」之訓釋,當有,今本五臣注脫,當據補。

《贈尚書郎顧彥先》(其一)題署下集注本無五臣注。五臣本、明州本、叢刊本、奎章閣本有「翰曰:顧彥先同爲尚書郎,遇雨不相見,故贈此詩。」案此前《文選鈔》云:「機從洗馬爲吳王郎中令,從郎中又爲尚書郎。彥先亦爲尚書郎,同在楚省別院,榮復是機姊夫,於時遇雨,不得相見,相憶作此詩。」五臣注與之重複(於此可見五臣注有很多是襲自《文選鈔》),集注本故刪之。「大火貞朱光,積陽熙自南」句呂向注:「大火,南方星也。」此下,五臣本、明州本、叢刊本、奎章閣本有「貞正也」三字。案此前李善注引《尚書·禹貢》「厥賦貞」孔安國傳:「貞,正也。」集注本於此不再重出,故刪(於此可見五臣注也有襲自李善注者)。「望舒離金虎,屏翳吐重陰」句劉良

注：「畢，星也」前，五臣本、明州本、叢刊本、奎章閣本有「望舒月御也」五字；「離，著也」下，又有「屏翳雨師」四字。案此前之李善注已引王逸《楚辭・天問》注「荓翳，雨師也」。《文選鈔》有「望舒，月也」的訓釋，集注本於是削去重複之五臣注。「凄風逆時序，苦雨遂成霖」句，張銑注：「三日雨爲霖也。」此上，五臣本、明州本、叢刊本、奎章閣本有「凄寒迕逆也爲人所患苦故云苦也」十四字。案此前李善注引《左傳》昭公四年杜預注云：「苦雨，爲人所患苦也。」又《文選鈔》云：「凄風，凉寒之風也」，「迕，逆也」。集注本故刪削五臣此注，以避重複也。（其二）「朝遊遊曾城，夕息旋直廬」句呂延濟注：「曾，重也。」五臣本、明州本、叢刊本、奎章閣本此下有「直廬直宿之廬」六字。案此前李善注已引《漢書・嚴助傳》「君厭承明之廬」句師古引張晏注：「直宿曰廬。」《文選鈔》亦有「直者，士衡自述當直在禁省中。廬，小舍也」的訓釋，集注本於是刪此六字注也。「玄雲拖朱閣，振風薄綺疏」句，集注本無五臣注。五臣本、明州本、叢刊本、奎章閣本有「良曰拖曳也綺疏窗也」七字。案此前李善注已引《說文・手部》：「拖，曳也。」《文選鈔》有「綺疏，窗也」的訓釋，集注本於是從省也。「停陰結不解，通衢化爲渠」句呂向注云：「結不解，言雲不開貌。」五臣本、明州本、叢刊本、奎章閣本「貌」作「也」，下有「衢道也」三字。案此前《文選鈔》已有「通衢，四達道也」的訓釋，集注本於此從省也。

《贈顧交阯公眞》篇題下集注本無五臣注。五臣本、明州本、叢刊本、奎章閣本有李周翰注：「，《晉百官名》云：『顧秘字公眞，爲交州刺史，。士衡思之，故贈此詩。』案集注本篇題下李善注云：「《晉百官名》曰：『交州刺史顧秘字公眞。』，又《文選鈔》云：「顧尙字公眞，初曾同事太子，今出爲交阯太守，故贈之也。」於此可見，李周翰此注，是撮合李善注與《文選鈔》而成，故集注本省之也。「發迹翼藩后，改授撫南裔」句，集注本無五臣注。五臣本、明州本、叢刊本、奎章閣本有張銑注云：「公眞初爲吳王郎中令，故云翼藩后。南裔，即交趾也。」案李善注云：「藩后，吳王。《顧氏譜》曰：『秘爲吳王郎中令。，南裔，即交阯也。」張銑此注，實襲自李善注，故集注本刪之也。

三

在《文選鈔》、陸善經注中，徵引了大量的典籍，有的是已經亡佚了的典籍。特別是《贈顧尚書郎彥先二首》（其一）之「凄風迕時序，苦雨遂成霖」句下，《文選鈔》有一校語云「迕」字「淹上人作『迅』，」并錄其注云：「風疾也。」案「淹上人」即許淹，即《舊唐書・經籍志》集部總集類著錄的「《文選音義》十卷」的作者釋道安。道安的《文選音義》（亦即《新唐書・藝文志》集部總集類著錄的「僧道安《文選議》十卷」）久已亡佚，其面目已不復可睹。今可見者，惟慧琳《一切經音義》卷二一《華嚴經音義》「猗覺」條所徵引的「淹師《文選音義》云：『猗，美也』」一條注語。加上此「迅，風疾也」，和《文選集注》卷九左思《吳都賦》「鬱兮𦶟茂」句注「《音決》：𦶟，音悅。許：與稅反。」《文選集注》卷一一三潘岳《夏侯常侍誄》「愊抑失聲」句注「《音決》：愊，普逼反。淹：皮力反。」及同卷潘岳《汧馬督誄》「若乃下吏之肆其噤害」句注「《音決》：噤，其禁反。淹：其錦反。」三條，共存五條，雖片語隻字，彌足珍貴。該寫卷具有較高的文獻價值，應當引起選學界足夠的重視。

古老詮釋文本的再度詮釋

——評岡村繁《永青文庫藏敦煌本〈文選注〉箋訂》

一九六五年四月，在我們的鄰邦東瀛發生了一件震驚日本國內外學界的大事：東京細川氏將其私家永青文庫所藏的一軸以十一幅黃麻紙接成的敦煌寫本《文選注》殘卷，附上敦煌學、文獻學泰斗神田喜一郎先生的《解說》，影印刊行面世。此寫卷，存文一三六行，是今本《文選》卷四四中的司馬相如《喻巴蜀檄》、陳琳《爲袁紹檄豫州》、陳琳《檄吳將校部曲文》、鍾會《檄蜀文》、司馬相如《難蜀父老》五篇文章的注釋。該寫卷只有注文，未錄正文。而該注，既非李善注，亦非五臣注，更不是《文選鈔》或陸善經注（原書存於日本的《文選集注》卷八八中保留有陳琳《檄吳將校部曲文》、鍾會《檄蜀文》、司馬相如《難蜀父老》三篇，其中之《文選鈔》及陸善經注與敦煌本注並不相同）。該寫卷一直藏於永青文庫篋底，無人知曉，一旦公諸於世，人們於是驚爲天壤秘笈。

當時，年富力強的九州大學教授岡村繁，很快就得到了永青文庫事務局局長飯坂成一所贈送的影印本《敦煌本文選注》（該書爲非賣品），立即以積極的態度投入研究，朝夜以思，披閱玩味，在古鈔本影印刊行六個月後（即一九六五年十月），就在日本東北大學《集刊東洋學》第十四號上，發表了論文《關於細川家永青文庫藏〈敦煌本文選注〉》，對新面世的古鈔本內容的特色、學術價值等，發表了他的一得之見。緊接著，他又在一九六六年二月出版的《東北大學教養部紀要》第四號上，發表了《敦煌本〈文選注〉校釋》，對古鈔本的訛、奪、衍、倒，進行了初步整理。近年來，岡村繁先生在《久留米大學文學部紀要》第三號（一九九三年六月三〇日出版）和第十一號（一九九七年六月三〇日出版）連續刊載了《永青文庫藏敦煌本（文選注〉箋訂》（長達八萬餘字），對三十多年來古鈔本的整理工作作了一次總結。先說說古鈔本《文選注》。該古鈔本，有以下特色：

其一，作注時所據之《文選》，是一個與今本《文選》文字不同的古本《文選》。

該鈔本無正文，只有注釋，根據注釋時所摘錄的文句，發現其所據之《文選》文本，文字多處與今本不同，如陳琳《爲袁紹檄豫州》「蓋明主圖疑以免制」句，今本「圖疑以免制」作「圖危以制變」；「忠臣立難以慮權」句，今本「立難以慮權」作「慮難以立權」；「因贓買官」句「買」字與今本異；「則幕府無德於袞土」句今本「土」下有「之民」二字；「掠取金玉」句今本「玉」作「寶」；「大軍訊黃河而捔其前」句今本「捔」作「角」；「并集魯庭」句「魯」今本作「虜」。《檄吳將校部曲文》「舉鋒東面」句「舉」字今本作「齊」；「寶邑侯杜鑊」句今本「鑊」作「濩」；「埋沒林藪」句今本作「湮沒林莽」；「克負析薪」句今本「克」作「能」；「不亦劇乎」句今本「劇」作「哀」；「夫蹊蹄在足」句今本「蹊」作「係」。鍾會《檄蜀文》「虞舜舞於羽而服有苗」句今本「羽」作「戚」。司馬相如《難蜀父老》「舉苞滿」句今本「滿」作「蒲」；「澌沈澹災」句「澌」字與今本異；「令歸之於海」句今本「令」作「東」；「兼容苞舉」作「並包」；「父兄不辜」句今本「父兄」作「父老」；「繫累號泣」句「累」今本作「縲」，等等。

其二，該鈔本保留了不少典籍的佚文。

如敦煌本《文選注》第十五行「袁紹字本初……」和第二〇一行「張魯，漢之將軍……」兩段文字，便是出自唐初流行的《三國志・魏書》，爲今本《魏志》所無，當是《三國志》的佚文。又如第二十行「趙高，胡亥郎中令……」一段，乃是徵引《史記》原文作注，此段文字今本《史記》無之，當亦《史記》佚文。再如第三六行引「《曹瞞傳》」云云，所引乃《曹瞞傳》之佚文，因之，該鈔本的文獻價值不可低估。

其三，許多訓釋與今本各家注異。

如鈔本第一行關於「檄」這一文體的起源的說法，就與李善及五臣大異其趣：「檄，皦也，明也，將欲出師，比之於雷，雷動則電出，故師先之以檄，比電光出。言皎然以道理告論之。六國時，（張儀）遊於楚，至楚相處，相失璧而怨秦盜之。故儀，秦照王時爲秦相，爲一尺二寸檄楚相。言其皦可明，檄自張儀始。」又如第八行「享，會也」的解詁，與鄭玄「享，獻也」全然不同。又如第五一行「操，幹也」以曹操釋正文「強幹弱枝」之「幹」，與今本《文選》正文以「幹」釋「天子」大相徑庭。再如第二八九行「算量我魏之大小」，與五臣注「謂漢大吳小」迥異，這是初唐人對《文選》所作的詮釋，其中很大部分當來之六朝，該鈔本在訓詁學方面的價值，無煩辭費。

岡村繁先生的整理、復元工作是艱苦卓絕的，其成就概括起來，有以下三個方面。

首先，考證了此敦煌本《文選注》著者爲初唐人，提出了與神田喜一郎不同的看法。

神田喜一郎先生在《解說》中，據鈔本第一六五行和第一六七行「民」字缺末筆定爲唐鈔（避太宗李世民諱），又因注釋與五臣注近似，便認爲該《文選注》當是五臣（呂延濟、劉良、張銑、呂向、李周翰）中某一家的原稿。岡村繁先生從書法、訓釋體式等入手研究，提出這一鈔本是「先於李善注的唐初文選學新資料」。李善之《文選注》，博大精深，以後之《文選》注者，無不因襲其成說，而敦煌本《文選注》，卻無一條與李善注相同，只有成書於李善注之前者，才有可能不受李善注的影響。岡村繁先生的見解，應當引起文選學界的重視。

其次，訂正了古鈔本的錯誤。

由於傳抄者的無識，敦煌本《文選注》中，訛、奪、衍、倒，在在皆是，岡村繁在《箋訂》中，糾正了該文本的文字錯訛四百餘處，使敦煌本《文選注》的內容，能爲今天的讀者所接受。

除了在文字上的考釋外，對注文中史實糾繆，也做了大量的工作，今略舉數端如下。

如司馬相如《喻巴蜀檄》「移師東指，閩越相誅」句敦煌本注：「於時，有閩越王領兵侵南越王胡疆界。南秦來，遣太子嬰齊入侍，欲誅去閩越。閩越弟聞漢助之，怖殺其兄，與自來降。」《箋訂》先引《史記・南越列傳》一段文字說明此是敦煌本著者作注的依據，又云：「然《史記・南越列傳》及《漢書，南粵傳》所載，南越王趙胡遣太子嬰齊入侍漢朝，是在閩越王之弟騶余善歸降漢朝以後的事，此乃敦煌本注作者誤記所致。」（原文係日文，所引乃筆者所譯，下同）又如陳琳《為袁紹檄豫州》「坐領三臺」句敦煌本注：「三臺：尚書、御史、秘書等。」《箋訂》云：「《後漢書・袁紹傳上》李賢注引《晉書》云：『漢官，尚書為中臺，御史為憲臺，謁者為外臺，是謂三臺。』與此敦煌本注說法不同。『尚書』臺為中央行政的最高官府，『御史』臺為官吏的檢察機關，『謁者』臺為宮廷的涉外儀典機關。但『謁者臺至唐代便廢止，此職屬通事舍人。唐初龍朔二年（622）改秘書省稱『蘭臺』，天授元年（690）改秘書省稱『麟臺』。秘書省是宮廷掌管圖書的官府。此敦煌本注作者，解釋《文選》正文『三臺』不以兩漢時的官制，而妄以唐初的官制予以說明，是一種無視官制歷史推移的輕率注解。」

又如鍾會《檄蜀文》「征西、雍州、鎮西諸軍」句敦煌本注：「征西即會，雍州刺史王經，鎮西即李輔等。」《箋訂》引《魏志・三少帝紀（陳留王）》一段文字說明當時的史實及各人的官銜，又云：「據《魏志》，當時『征西將軍，為鄧艾，『雍州刺史』為諸葛緒，『鎮西將軍』為鍾會，與敦煌本注全異，蓋著者誤記所致。王經為高貴鄉公時的雍州刺史，甘露五年（260）坐高貴鄉公事誅。李輔當時為前將軍。」

《箋訂》對地理的考釋，也頗見工夫。如《喻巴蜀檄》敦煌本注解題云：「當漢武帝建元五年，知通夜郎、滇池。」《箋訂》云：「建元五年（前一三六年）當為建元六年（前一三五年），史實見《史記・西南夷列傳》。作『五年』當係著者誤記所致。」又云：「『夜郎』為地處今貴州省西北、雲南省東北、四川省南部一帶的西南夷國家。『滇池』指滇池縣，漢代屬益州郡，在今雲南省晉寧縣附近。『滇』字底本訛作『慎』，今正之。底本此句注文的依據，當是《史記・司馬相如列傳》。底本以『夜郎』與『滇池』并提，而實際上『夜郎』當與『西僰中』對舉。今本《漢書・司馬相如傳下》『西僰中』三字作『僰中』二字。『僰』，古代僰國，漢代的犍為郡僰道縣，在今四川省宜賓市附近。底本作『滇池』，與此異，當是著者誤記所致。」

又如《難蜀父老》「今罷三郡之士」句敦煌本注：「三郡，臨邛，犍為，越雋。」《箋訂》云：「臨邛在漢代是蜀郡的屬縣，而犍爲郡、越雋郡卻非巴蜀地區的郡名，此乃注者之誤解。《文選集注》卷八八引《文選鈔》云：『三郡，當時郡耳，不詳其名。又云，巴、蜀、廣漢等是。』五臣注（李周翰）云：『三郡，三蜀（蜀郡、廣漢、犍爲）也』。」

岡村繁貢獻的第三點，是順帶考證了作者的里貫。

如《檄吳將校部曲文》「丞相深惟江東舊德名臣」句敦煌本注：「深惟，愼也」，《箋訂》云：「漢揚雄《方言》卷一：『鬱、悠、懷、惄、惟、慮、願、念、靖、愼，思也……惟，凡思也，慮，謀思也。願，欲思也。念，常思也。東齊、海岱之間曰靖。秦、晉或曰愼。凡思之貌，亦曰愼，或曰惄』。《方言》此文，對考證敦煌本注著者的出身地區，有一定的幫助。」

又如同篇「鷦鳩之鳥」句敦煌本注：「鷦鳩，巧婦鳥也。」《箋訂》云：『『鷦鳩指何鳥，古來說法不一，或云即鷦鷯，或云即鷦鶵，兩說相對。」與此敦煌本注切合之古說，有《毛詩·豳風，鴟鴞》正議引三國時吳人陸璣《毛詩草木鳥獸蟲魚疏》：「鴟鴞似黃雀而小，其喙尖如錐，取茅莠爲窠，以麻紩之，如刺襪然。懸著樹枝，或一房，或二房，幽州人謂之鷦鳩，或曰巧婦，或曰女匠。關東謂之工雀，或謂之過贏。關西謂之桑飛，或謂之襪雀，或曰巧女。」（《爾雅·釋鳥》「鴟鴞」條邢疏引並同。《藝文類聚》卷九二《鳥部》下。鷦鶵」、《太平御覽》卷九二三《羽族部》十「鴞」並引，略同）。陸璣此說，與敦煌本注一致。據陸璣所舉各地之異稱推測，此敦煌本注之撰者，原幽州（華北）方言圈內的人。

日本永青文庫藏敦煌本《文選注》補箋

日本細川氏永青文庫所藏敦煌本《文選注》寫卷，共存二三六行，著者不明，既非李善注，亦非五臣注，乃唐人注《文選》之別一種，是文選學的珍貴資料。該寫本只有注語，無《文選》正文，所存乃司馬相如《喻巴蜀檄》、陳琳《爲袁紹檄豫州》、《檄吳將校部曲文》、鍾會《檄蜀文》、司馬相如《難蜀父老》五篇之注文。該寫卷一九六五年四月公之於世後，日本學者岡村繁教授在一九六六年二月發表了《敦煌本〈文選注〉校釋》（載《東北大學教養部紀要》第四號），對該文本的訛奪衍倒予以校訂。三十年後，著者在原有基礎上重新考訂，撰成《永青文庫藏敦煌本〈文選注〉箋訂》（八萬餘字），分別刊於《久留米大學文學部紀要》國際文化學科編第三號（一九九三年六月）和第十一號（一九九七年六月），並授權筆者將其譯成中文介紹給中國學界。拙譯分別刊於王元化先生主編的《學術集林》卷十四、十五（上海遠東出版社一九九八年十月、一九九九年一月出版）。岡村繁先生《箋訂》之重點在於對文字的校訂，只對部分語詞作了考釋，本文旨在對語詞訓釋的考證拾遺補闕，故名之曰」補箋」云。

一、司馬長卿《喻巴蜀檄》

「稽顙來享」句，敦煌本注云：「享，會也。」岡村繁箋：「《文選》正文的『來享』，出自《毛詩・商頌・殷武》：『昔有成湯，自彼氐羌，莫敢不來享。』鄭箋：『享，獻也。』敦煌本注以『會（會面）也』訓釋『享』，這種解釋，不見於他處，是一較特殊的解詁。」

補箋：《尚書・咸有一德》「克享天心」，孔安國傳：「享，當也」。《廣雅・釋詁》：「對，當也」。是「享」有「當」、「對」義。《爾雅・釋詁》：「會，對也」。是「對」有「會」義。此當爲敦煌本注以「會」釋「享」之依據。

「聞烽舉燧燔」句，敦煌本注云：「『烽』，束薪於桔槔，有急即舉。『燧』，望見急，焚之以驚。」岡村繁箋：「『驚』與『警』通，有因事態危急而戒備的意思。《文選》五臣注（呂延濟）云：『烽燧者，舉火以驚候。』驚候與警候同，有警戒、偵察敵情的意思。《晉書・天文志上》：『軒轅（星名）西四星曰爟。爟者，烽火之爟也，邊亭之警候。」

補箋：《後漢書・光武帝紀》「修烽燧」句注：「《前書音義》曰：『邊方備警急，作高土臺，臺上作桔皐，桔皐頭有兜零，以薪草置其中，常低之，有寇即燃火舉之，以相告，曰烽。又多積薪，寇至即燔之，望其烟，曰燧。晝則燔燧，夜乃舉烽。」敦煌本此注，當本之於此。

「荷兵而走」句，敦煌本注云：「荷兵，干戈」。岡村繁箋：「『干戈』，是對『荷兵』（拿著武器）的『兵』字所作的注釋。此注文之四字，原本當是『荷兵～干戈』五字，傳寫之際，誤將疊字號脫落。今未予添補，一仍其舊。」

補箋：此注當是以「干戈」釋「兵」，岡村氏說是也。《周禮・地官・鼓人》「鼓兵舞帗舞者」，鄭玄注：「兵，謂干戚也。」又《呂氏春秋・愼大》篇：「釁旗鼓甲兵」，高誘注：「兵，戈戟箭矢也。」

「重煩百姓」句，敦煌本注云：「重，難也」。岡村繁箋：「此乃敦煌本注對《文選》正文中單字作訓釋之一例。」

補箋：《史記・司馬相如傳》「重煩百姓」句司馬貞索隱云：「重，猶難也。」《漢書・司馬相如傳》「重煩百姓」句顏師古注：「重，難也。」李善注：「重，難也。不欲召衆之。」是司馬貞、顏師古、李善之訓釋，並與敦煌本注同也。

「亟下縣道」句，敦煌本注云：「亟，急也。漢，管百姓曰『縣』，管蠻夷曰『道』。」岡村繁箋：「《漢書・百官公卿表上》：『縣，大率方百里。……（縣）有蠻夷曰道』。由此可見，漢制，漢民族居住的地域稱『縣』，少數民族聚居之處稱『道』。」

補箋：《毛詩・邶風・北風》：「既亟只且」，毛傳：「亟，急也」。《廣雅・釋詁》：「亟，急也」。《漢書・司馬相如傳》「亟下縣道」句師古注：「亟，急也。縣有蠻夷曰道。」《後漢書・馬援傳》：「援將四千餘人擊之，至氐道縣」。李賢注：「縣管蠻夷曰道。」李善注云：「《漢書》曰：『縣有蠻夷曰道。』」

二、陳琳《爲袁紹檄豫州》

「忠臣立難以慮權」句，岡村繁校云：「此處《文選》正文『立難以慮權』五字，現行《文選》各本皆作『慮難以立權』，與敦煌本注所據之本大不相同。《後漢書・袁紹傳上》、《魏志・袁紹傳》注引《魏氏春秋》等所載此檄文，此五字與現行的各本《文選》相同。由此句及上句文字與今通行本《文選》不同這一情況看來，敦煌本注所據的《文選》正文，當是與當時通行本《文選》不同源流的另一系統的版本。今據敦煌本注將正文改。」敦煌本注：「經，常也。」

補箋：《左傳》襄公二十一年：「禮之經也。」孔穎達疏：「經，訓常也，法也。」又《禮記・祭統》：「禮有五經」。孔穎達疏：「經者常也。」

「曩者強秦弱主」句，敦煌本注：「曩，向也。」

補箋：《國語・晉語》「曩而言戲乎」句及《國語・吳語》「曩君之言」句，

韋昭並解云：「曩，向也。」《漢書・賈誼傳》：「曩令樊酈絳灌」句，師古注：「曩，亦謂昔時也」。「向」，即「昔時」之意也。

「操贅閹遺醜」句，敦煌本注云：「『贅』，贅肉，言操本乞養之子。」岡村繁箋：「這三個字的訓詁（案指贅贅肉），底本作『贅之肉』，不合文意。蓋『之』字乃疊字號『〜』之誤寫，今改正。」

補箋：《莊子・大宗師》：「彼以生爲附贅縣疣」，郭象注：「若疣之自縣，贅之自附。」此乃敦煌本以「贅肉」訓「贅」之所本。五臣注（李周翰）云：「贅，餘肉著身也」，與敦煌本注同。

「幕府董統鷹揚」句，敦煌本注：「『幕府』，即袁紹也。幕府，自衛青，衛青征凶奴，有獲有功，帝僖悅，遂就莫府封之，故云『幕府』。幕，大也。府，聚也。」岡村繁箋：「《漢書・李廣傳》『莫府省文書』句顏師古注引晉灼《漢書音義》云：『晉灼曰：將軍職在征行，無常處，所在爲治，故言「幕府」也。「莫」，大也。或曰：衛青征匈奴，絕大莫，大克獲，帝就拜大將於幕中府，故曰「莫府」。「莫府」之名，始於此也。』此敦煌本注關於『幕府』起源的說法，即採自晉灼注的或說。《文選》李善注引《漢書音義》的或說，其起源說與此相同。」

補箋：《楚辭・招魂》「離榭修幕」，王逸注：「幕，大帳也。」又《漢書・李廣傳》：「令長史封書與廣之莫府」，師古注：「莫府，衛青行軍府。」慧琳《一切經音義》卷四六引《風俗通》云：「府，聚也」。

「故遂與操同諮合謀」句，敦煌本注：「『諮』，亦謀也。」岡村繁箋：「底本中，被釋詞主語『諮』字原缺，留一空格，此空格大約係原本爲區劃文字所留，底本的書寫者遂因之。今據文意，將『諮』字補上。」

補箋：《尚書・舜典》「咨十有二牧」，孔傳：「咨亦謀也」。《毛詩・小雅・皇皇者華》「周爰咨諆」句，陸德明釋文：「咨，本亦作諮」。是「諮」與「咨」通也。敦煌本此訓，當本之《尚書》孔傳。

「故復援旌擐甲」句，敦煌本注：「擐甲，著甲也」。岡村繁箋：「底本『擐』作『攌』（『擐』的書寫體），下文『甲』作『申』，形近而訛。『也』作『亦』的草書體，蓋亦形近而訛。」

補箋：《顏氏家訓・書證》篇：「擐是穿著之名。」慧琳《一切經音義》卷四八：「擐甲，《左傳》『擐甲執兵』，杜預曰：『擐，貫也』。《國語》『服兵擐甲』，賈逵曰：『擐，衣甲』。」此即敦煌本注之所本。

「道路以目」句，敦煌本注：「以目，相視」。

補箋：《國語・周語上》：「厲王虐，國人謗王，王怒，得衛巫，使監謗者。以告，則殺之，國人莫敢言，道路以目。」韋昭注：「不敢發言，以目相盼而已。」又《廣雅・釋詁》：「目，視也。」

「揚素揮以啓降路」句，敦煌本注：「素揮，幡」。

補箋：《東京賦》「戎士介而揚揮」，薛綜注：「揮爲肩上絳幟，如燕尾者也。」李善注：「徽與揮古字通。」又案（廣雅・釋器》：「徽，幡也。」

「方畿之內，簡練之臣」句，敦煌本注：「方畿，天子邊。簡練，忠臣有謀者」。

補箋：《周禮・夏官・職方氏》：方千里曰王畿。」《說文・田部》：「畿，天子千里地」。此即敦煌本注以「天子邊」釋「方畿」之所本。《後漢書・劉愷傳》載陳忠上疏薦愷有云：「誠宜簡練卓異，以厭眾望。」此「簡練」意爲「選擇」，而《文選》正文及敦煌本注之「簡練」，是「卓異」之義而非謂「選擇」，即是以「簡練」代「卓異」，這種取代並非沒有先例，《尚書・君陳》篇「友于兄弟」，後世遂以「友于」代「兄弟」。《三國志・蜀書・廖立傳》載諸葛亮（彈廖立表》云：「人有言國家兵眾簡練，部伍分明者。」此處之「簡練」，即含「卓異」義也。

三、陳琳《檄吳將校部曲文》

「譬猶鷇卵始生翰毛」句，敦煌本注：「始出卵而不有羽翅，有翅曰鶵。」

補箋：《爾雅・釋鳥》：「生哺，鷇。」郭璞注：「鳥子須母食之。」又曰：「生噣，雛。」郭璞注：「能自食」。敦煌本注以「有翅」釋「雛」，即謂其「能自覓食」也。案「雛」與「鶵」同。

「流血漂樐」句，敦煌本注：「樐，楯也」。

補箋：《史記・秦始皇本紀》「流血漂鹵」，集解引徐廣說云：「鹵，楯也。」

《廣雅・釋器》:「樐,盾也」。「鹵」與「樐」、「盾」與「楯」並同也。

「昔袁術僭逆」句,敦煌本注:「『僭』,濫也。『逆』,逆獻帝也。」岡村繁箋:「《左傳》哀公五年:『不僭不濫』。」

補箋:《史記・樂書》「流辟邪散狄成滌濫之音作」,集解引王肅說云:「濫,僭差也。」《廣雅・釋詁》:「差,僭也」。此乃敦煌本注之所本。《國語・晉語》:「君問而陳辭,未退而逆之」。韋昭注:「逆,反也」。

「折衝討難」句,敦煌本注:「『衝』,以車駕、梯衝而擊城者。言能破折之也。」岡村繁箋:「『車駕』,馬駕之戰車。『梯衝』,雲梯與衝車,古代攻城用之兵器。《後漢書・公孫瓚傳》:『袁氏之攻,狀若鬼神,梯衝舞吾樓上,鼓角鳴於地』。」

補箋:《淮南子・說山》篇:「國有賢君,折衝萬里」,高誘注:「衝,兵車也,所以衝突敵城也」。此乃敦煌本注「以車駕、梯衝而擊城者」釋「衝」之所本。《史記・淮陰侯列傳》「折北不救」,集解引張晏說云:「折,衂敗也。」此即以「破折之」訓「折衝」之依據。

「芟敵搴旗」句,敦煌本注:「『搴』,取也」。

補箋:《史記・叔孫通傳》「故先言斬將搴旗之士」句,集解引許慎說云:「搴,取也。」又《漢書・溝洫志》載漢武帝《瓠子歌》「搴長茭兮湛美玉」句,注引如淳說云:「搴,取也。」

「享不訾之祿」句,敦煌本注:「『訾』,量也。言不可量。」岡村繁箋:「訾,底本誤作『此言』二字。」

補箋:《國語・齊語》:「桓公召而與之語,訾相其質。」韋昭注:「訾,量也。」又《漢書・枚乘傳》:「夫舉吳兵以訾於漢。」注引李奇說云:「訾,量也。」

「克負析薪」句,敦煌本注:「《春秋》曰:『其父析薪,其子不克負荷。』『克』,能。言父析其薪,其子不肯負荷而歸。」岡村繁箋:「《春秋》此文,乃《左傳》昭公七年引子產語『古人有言曰,其父析薪,其子弗克負荷』。」

補箋:《尚書・堯典》:「克明俊德,以親九族。」孔傳:「能明俊德之士任用之,以睦高祖玄孫之親。」以「能」訓「克」。《爾雅・釋言》:「克,能也。」

「夫蹊蹄在足，則猛虎絕其蹯」句，岡村繁校云：「『蹊』字《文選》各本並作『係』，今據敦煌本注改。」敦煌本注：「『蹊』，道上。『蹄』，從等以捕虎物，以張之，虎觸著，即繼其足，虎存身，故嚙其足而走。蹯，足也。」

補箋：《廣雅・釋宮》：「蹊，道也。」《左傳》宣公十一年：「牽牛以蹊人之田。」杜預注：「蹊，徑也。」《廣雅・釋獸》：「蹯，足也。」

「忽朝陽之安」句，敦煌本注：「忽，輕也。」

補箋：《廣雅・釋詁》：「忽，輕也。」此乃敦煌本注之所本。

四、鍾會《檄蜀文》

「奕世重光，恢拓洪業」句，敦煌本注：「『重光』，大明。『恢』，廣也。『洪』，大也。」

補箋：《廣雅・釋言》：「重，再也。」《說文・火部》：「光，明也。」又《廣雅・釋詁》：「光，明也。」《爾雅・釋天》：「太歲在辛曰重光」。五臣注（李周翰）云：「文帝既明，而烈祖又明，故曰重光。」與敦煌本注略同。《說文・心部》：「恢，大也。」又《廣雅・釋詁》：「恢，大也。」《尚書・堯典》：「湯湯洪水方割」。孔傳：「洪，大也。」《爾雅・釋詁》：「洪，大也。」敦煌本注以「廣」訓「恢」，爲免與下文以「大」訓「洪」相重複也。

「此三祖所以顧懷遺志也」句，敦煌本注：「『顧懷』，眷顧而懷也。」岡村繁箋：「『顧字下，底本無『懷』字，以下句注文推測此處當有，恐傳寫之際，涉下文之『懷』而脫，今據正文補。」

補箋：《廣雅・釋詁》：「眷、顧，嚮也。」又《文選・東京賦》「神歆馨而顧德」，薛綜注：「顧，眷也」。是「眷」與「顧」可互訓也。

「布政垂惠」句，敦煌本注：「『惠』，愛也。」

補箋：《尚書・皋陶謨》：「安民則惠」，孔傳：「惠，愛也。」《毛詩・邶風・北風》：「惠而好我，携手同行。」毛傳：「惠，愛也。」《爾雅・釋詁》：「惠，愛也。」

「故虞舜舞干羽而服有苗」句，岡村繁校：「『干羽』，現存《文選》各本並作『干戚』，今據敦煌本注改。《書・大禹謨》：『帝乃誕敷文德，舞干羽於兩階，七旬有苗格』。此注本與之正合。」敦煌本注：「『干』，楯，武舞。『羽』，即文舞，舞者所執，鳥羽、旄牛尾爲之。」岡村繁箋：「《周禮・春官序》「旄人」條鄭注云：『旄，旄牛尾，舞者所持以指麾。』」

補箋：《尚書・大禹謨》「舞干羽於兩階」，孔傳：「干，楯；羽，翳也。皆舞者所執。」《周禮・春官・樂師》：「凡舞，有帗舞，有羽舞，有皇舞，有旄舞，有干舞，有人舞。」鄭玄注引鄭司農說云：「帗舞者全羽；羽舞者析羽；皇舞者以羽冒覆頭上，衣飾翡翠之羽；旄舞者，犛牛之尾；干舞者，兵舞。」敦煌本此注，當本之此。

「未遑修九伐之征也」句，敦煌本注：「遑，暇也。」

補箋：《毛詩・召南・殷其雷》：「何斯違斯，莫敢或遑」。毛傳：「遑，暇也。」釋文：「本或作徨，音黃，暇也。」《爾雅・釋言》：「偟，暇也。」

「今邊境乂清」句，敦煌本注：「乂，安也。」

補箋：《左傳》哀公十六年：「若見君面，是得艾也。」杜預注：「艾，安也。」《禮記・表記》「則民有所懲」，鄭玄注：「懲，謂創艾。」釋文：「乂，本又作艾」。是「艾」與「乂」通也。

「蓄力待時」句，敦煌本注：「『蓄』，積也。」

補箋：《說文・草部》：「蓄，積也。」又慧琳《一切經音義》卷八三「孔注《尚書》：『蓄，積也。」

「智者規福於未萌」句，敦煌本注：「『規』，圖也」。

補箋：《文選・東京賦》：「規摹踰溢」，薛綜注：「規，圖也。」

「措身陳平之軌」句，敦煌本注：「『措』，置也。」

補箋：《說文・手部》：「措，置也。」又《廣雅・釋詁》：「措，置也。」

「農不易畝，市不迴肆」句，敦煌本注：「令不改易農人之故畝隴，不迴改商人之市肆，言依舊也。」

補箋：此注以「改」訓「易」、「迴」，並非無據，《周禮・冬官・玉人》：

「以除慝，以易行。」釋文云：「易，改也。」《史記・鄒陽列傳》：「邑號朝歌而墨子回車。」是「回」與「迴」通也。《後漢書・郎顗傳》：「回選賢能，以鎮撫之。」李賢注：「回，易」。是「回」亦有「改」義也。

五、司馬相如《難蜀父老》

「湛恩汪濊」句，敦煌本注：「『汪濊』，深澤之貌。『湛』，深也」。岡村繁箋：「李善引魏張揖《漢書》注云：『汪濊，深貌也』。」

補箋：《說文・水部》：「汪，深廣也。」又：「濊，礙流也。」段注：「有礙之流也。《衛風》：『施罛濊濊』。毛曰：『罛，魚罟。濊濊，施之水中。』按施罟而水仍流，故曰礙流。礙流者，言礙而不礙也。《韓詩》云流貌，與毛、許一也。又訓多水貌，《司馬相如傳》：『湛恩汪濊。』」《漢書・司馬相如傳》「湛恩汪濊」，師古注：「汪檅，深廣也。」《文選・思玄賦》「私湛憂而深懷兮」，李善引舊注云：「湛，深也。」又《文選・封禪文》「湛恩厖鴻」，李善注：「湛，深也。」

「於是乃命西征，隨流而攘，風之所被，罔不披靡」。敦煌本注：「略入其地曰『略』。『攘』，除。『略』，取。『披靡』，言皆順從。」岡村繁箋訂：「底本『略入其地曰略』與『略，取』兩注，就今本《文選》而言，非此條正文之注，當爲下文『略斯榆』之注，恐注者錯亂所致。」

補箋：《廣雅・釋詁》：「略，取也。」《左傳》宣公十五年：「晉侯治兵於稷，以略狄土。」杜注：「略，取也。」《離騷》：「夫屈心而抑志兮，忍尤而攘詬。」王逸注：「攘，除。」《毛詩・小雅・車攻序》：「宣王能內修政事，外攘夷狄。」釋文：「攘，除也，却也。」披靡，有「頹伏」之義，《史記・項羽本紀》：「項王大呼馳下，漢軍皆披靡。」正義云：「靡，言精體低垂。」又有「草木倒伏」之義，《文選・上林賦》：「應風披靡，吐芳揚烈。」敦煌本訓爲「順從」，五臣注（呂向）訓爲「從化貌」，其實並同也。

「而功不竟」句，敦煌本注：「竟，可也。」

補箋：《毛詩・大雅・瞻卬》「鞫人忮忒，譖始竟背」，鄭箋：「竟，猶終也。」《荀子・富國》：「生也皆有可也，知愚同所可，異也知愚分」，楊倞注：「可者，遂其意之謂也。」敦煌本注訓「竟」爲「可」，「不竟」，即「不遂其意」也。

「萬民不贍」句，敦煌本注：「贍，給也。」

補箋：《說文．貝部》：「贍，給也。」又《漢書．揚雄傳》：「雖頗割其三垂以贍齊民。」師古注：「贍，給也。」

「烏謂此乎」句，敦煌本注：「『烏』，安也。」

補箋：《呂氏春秋．明理》「故亂世之主烏聞至樂」，高誘注：「烏，安也。」《文選．吳都賦》「烏聞梁岷有陟方之館」，劉逵注：「烏，安也」。

「則是蜀不變服，而巴不化俗也」句，敦煌本注：「『不變服』，不變天子之化，俗不易改也。」

補箋：《尚書．舜典》「五刑有服」，孔傳：「服，從也。」《毛詩．大雅．蕩》：「曾是在服」，毛傳：「服，服政事也。」敦煌本以「化」訓「服」，與孔傳之以「從」訓「服」，毛傳之以「服政事」訓「服」，其實一也。

「固非觀者之所覯也」句，敦煌本注：「非汝等所知」。

補箋：《毛詩．大雅．公劉》：「迺陟南岡，乃覯于京。」毛傳：「覯，見也。」《呂氏春秋．自知》「文侯不說，知於顏色」，高誘注：「知，猶見也。」是「覯」有「見」義，「知」亦有「見」義也，此乃敦煌本注以「知」訓「覯」之所本。

「故曰非常之元」句，敦煌本注：「『元』，本也。」

補箋：《史記．司馬相如傳》「邇陝遊原，迥闊泳沫」，集解引《漢書音義》云：「原，本也。」《春秋繁露．重政》：「是以春秋變一謂之元，元猶原也。」是「元」與「原」通也。

「及臻厥成，天下晏如也」句，敦煌本注：「及其成功，即受之安如也。」

補箋：《爾雅．釋言》：「厥，其也。」《呂氏春秋．仲夏》「以定晏陰之所成」，高誘注：「晏，安也。」

「夏后氏戚之，乃堙洪塞源」句，敦煌本注：「夏氏，禹。戚，憂。堙，塞也。」岡村繁箋：「此正文二句，五臣注（呂延濟）訓爲：『夏后，謂禹也。慼，憂也。堙，亦塞也。』，與此注合。」

補箋：《毛詩．小雅．小明》「自詒伊戚」，毛傳：「戚，憂也。」又《廣雅・釋詁》:「戚，憂也。」《廣雅・釋詁》:「堙，塞也。」《左傳》襄公二十五年「當陳隧者井堙木刊」，杜預注:「堙，塞也」。

「故休烈顯乎無窮，聲稱浹乎于兹」句，敦煌本注:「『休』，美。『列』，業。『浹乎于兹』，言至于漢。」岡村繁箋:「『列』，正文作『烈』。敦煌寫本中，『列』與『烈』通用（王重民《敦煌變文集敘例》)，底本作『列』，不誤。」

補箋:《尚書・大禹謨》:「戒之用休」，孔傳:「休，美。」《爾雅・釋詁》:「休，美也。」《毛詩・大雅・思齊》:「烈假不遐」，毛傳:「烈，業。」《爾雅・釋詁》:「烈，業也。」郭璞注:「謂功業也。」《爾雅・釋言》:「浹，徹也。」郝疏云:「徹者，《說文》云:『通也』。《小爾雅》云:『達也』。《爾雅・釋訓》注:『徹亦道也』。『道』『達』義俱爲通也。」是「浹」有「通」義也。《國語・晉語》「道遠難通」，韋昭注:「通，至也。」故「浹」可訓爲「至」。

「必將崇論閎議」句，敦煌本注:「『崇』，高。『閎』，大。」

補箋:《爾雅・釋詁》:「崇，高也。」《文選・羽獵賦》「涉三皇之登閎」，李善注引韋昭說云:「閎，大也。」又《漢書・張山拊傳》「入則鄉唐虞之閎道，王法納乎聖聽」，師古注:「閎，大也。」

「物靡不得其所」句，敦煌本注:「『靡』，無。」

補箋:《爾雅・釋言》:「靡，無也。」《毛詩・邶風・泉水》:「有懷于衛，靡日不思。」鄭箋:「靡，無也。」

「南馳使以誚勁越」句，敦煌本注:「『誚』，責」。岡村繁箋:「此訓，《文選集注》卷八八引《文選鈔》所釋並同。『誚』，底本誤作『消』，今據正文改。」

補箋:《史記・黥布列傳》「項王由此怨布，數使使者誚讓召布」，集解引《漢書音義》云:「誚，責也。」

「使疏逖不閉」句，敦煌本注:「逖，遠也。」

補箋:《尚書・牧誓》「逖矣西土之人」，孔傳:「逖，遠也。」又《史記・司馬相如傳》「逖聽者風聲」，集解引徐廣說云:「逖，遠也。」

以上的補箋工作，有以下三點意義。

其一，敦煌本《文選注》的語詞訓釋，都能在唐以前的訓詁學專著或唐以前典籍的舊注中找到依據，且有的訓釋還頗具獨創性，因之，該寫卷在訓詁學史上的作用和地位，應當引起足夠的重視。

其二，對該寫卷語詞訓釋的探索，爲岡村繁先生的此寫卷乃「先於李善注的唐初文選學新資料」的說法（見岡村繁《永青文庫藏敦煌本〈文選注〉箋訂·序》,《學術集林》卷十四）提供了有力的佐證。

其三，該寫卷的被發現和整理發表，使我們得知在李善、五臣、文選鈔、文選音決、陸善經等的注本以外，尚有別的無名氏注本，爲我們瞭解和研究唐初文選研究的盛況，提供了不可多得的實證。

文本考

日本新出古鈔《文選集注·南都賦》殘卷考

日本「六朝學術會」編輯、於二〇〇五年三月出版的《六朝學術會報告》第六期上，刊載了兩幀彼邦新出古鈔本《文選集注·南都賦》殘卷照片，從字體、形制上可推定，當爲日本京都大學影印出版的古鈔本《文選集注》同一書中的另外兩個殘卷。其一爲篇首，然篇題已佚，止餘作者題署及首三行文字。其二仍爲一殘片，應與上一殘片銜接，然其間佚去數句，存文四行。下面，分别將其迻錄，并予考釋。迻錄時，未按寫卷舊式，但以正文頂格，注語另行低二格書寫。

其一

〔上殘〕張平子

於顯樂都，既麗且康

　　李善曰：「毛萇《詩傳》曰：『於，歎辭。』《毛詩》曰：『適彼樂國。』《爾雅》曰：『康，安也』。」《鈔》曰：「顯赫，光明也。都者，人眾所聚故曰都。言歎此南陽是顯赫光明歡樂都聚之處也。既麗且康者，言此南都既是麗美之所，復爲安寧之地也。」《音決》：「於音烏；樂音洛。」呂向曰：「於，歎美之辭；麗，美也。」

陪京之南〔下殘〕

其二

〔上殘〕

體爽塏以閑敞，紛郁郁其難詳

李善曰:「《左氏傳》:『齊景公欲更晏子之宅曰:「請更諸爽塏」。』杜預曰：『塏，燥也。』《洞簫賦》曰：『又足樂乎其敞閑也。』《說文》曰：『敞，高土可遠望也。』《楚辭》曰：『紛郁郁其遠蒸。』揚雄《預州箴》曰：『郁郁荊河，伊洛是經』。」《鈔》曰:「體，謂土地形體；寬閑博敞，廣寬之貌。紛，盛也。已下九句，言南都土地寬閑美盛，最善也。」《音決》:「塏，口改反；敞，昌養反；郁，於六反。」張銑曰:「爽，明；塏，高也。閑敞，清閑寬敞也。郁郁，眾美貌。難詳，難」〔下殘〕

今以國家圖書館藏中華書局影印宋淳熙八年貴池尤袤刊李善注本《文選》（簡稱尤刻本）、臺灣藏并影印宋紹興三十一年建刊本五臣注本《文選》（簡稱五臣本）、日本汲古書院影印彼邦足利學校藏宋明州州學刊五臣李善注本《文選》（簡稱明州本）、韓國影印其奎章閣藏彼邦明宣德三年銅活字翻宋元祐九年秀州州學刊五臣李善注本《文選》（簡稱奎章閣本）、四部叢刊初編影宋建刊本李善五臣注本《文選》（簡稱叢刊本）與之比勘、研討新出《南都賦》（下簡稱集注本）。

先談第一幀。作者題署下，集注本無注，五臣本注云：「翰曰：南都在南陽，光武舊里以置都焉。桓帝時，議欲廢之，故衡作是賦盛稱此都是光武起處，又有上代宗廟以諷之。」明州本、奎章閣本、叢刊本同。案此條注語屬解題性質，當置於篇題下，集注本作者題署下無之，是也。因其篇題已佚，是否置於篇題下，今不得而知。此殘片正文止存十二字，與《文選》各本並無二致，唯「於」字下五臣本有小字注「音烏」，尤刻本、明州本、奎章閣本、叢刊本止一注音小字「烏」。其注語，先說李善注，此條李注尤刻本作「毛萇《詩傳》曰:『於，歎辭。』《詩》曰:『適彼樂國』。」明州本、奎章閣本、叢刊本並同，唯「歎辭」後明州本、奎章閣本、叢刊本並有「於孤切」三字。案此條李注，集注本除保存了所引《大雅・文王》「於昭於天」句毛《傳》「於，歎辭」及《魏風・碩鼠》句「適彼樂國」外，還有各本《文選》已佚的「《爾雅・釋詁)》曰:『康，安也。」雖片言隻字，卻彌足珍貴。更爲珍貴的，是保存了迄今學術界對其作者尚無定論的《文選鈔》注語一條，其中有釋辭:「顯赫，光明也；都者，人眾所聚故曰都。」關於「都」的訓釋，乃本之《周禮・春官・司常》「師都建旗」句鄭玄注「都，民所聚也」

及《公羊傳》僖公十六年「六鷁退飛過宋都」句何休注「人所聚曰都」。同時，還有對「於顯樂都，既麗且康」二句文意的闡釋：「言歎此南陽是顯赫光明歡樂都聚之處也。」「言此南都既是麗美之所，復爲安寧之地也。」闡釋緊扣作者作賦之旨，不枝不蔓，使賦意暢達，賦旨彰顯。除保存亡佚已久的《文選鈔》外，此殘片還保留了迄今學界對其作者尚無定論的《文選音決》注語一條：「於音烏；樂音洛。」案《音決》之兩條直音注，都可在傳世文獻中找到佐證：《經典釋文》卷六《毛詩音義中（·伐木丁丁）》：「於，如字，舊音烏。」及《經典釋文》卷二《周易音義（·乾）》：「樂音洛。」至於五臣注，集注本止取了「於，歎美之辭；麗，美也」，而刪削了此下五臣本、明州本、奎章閣本、叢刊本尚存的「康，安也；樂都，謂南都」。於此，五臣襲《文選鈔》而成注的形迹，便大白於天下。

次談第二幀。此上，佚去「居漢之陽，割周楚之豐壤，跨荆豫而爲疆」數句，方與第一幀銜接。此殘片正文十二字，與今本《文選》文字全同。其注語，尤刻本李善注云：「『爽塏』已見《西京賦》。揚雄《豫州箴》曰：『郁郁京河，伊洛是經』也。」明州本、奎章閣本同，唯「預」作「豫」、「京」作「荆」，作「荆」與集注本同；叢刊本重引《西京賦》「處甘泉之爽塏」句李善注引《左氏傳》（昭公三年）曰：「齊景公欲更晏子之宅，曰：『請更諸爽塏。』杜預曰：『就高燥也。』」又引揚雄《豫州箴》，「京」作「荆」。案《左氏傳》「昭公三年」作「（齊）景公欲更晏子之宅，曰（『子之宅近京，湫隘囂塵，不可以居，』請更諸爽塏（者）。』杜預注：『（爽，明；）塏，燥。』」集注本除未用杜注之「爽，明」外，與《左氏傳》全同，而刻本引杜預注，則訛爲「就高燥也」。集注本之版本價值，於此可見一斑。其所引揚雄《預州箴》，《文選》各本「預」作「豫」。案《古文苑》（四部叢刊初編影宋刊章樵注本）卷一四「揚雄《百官箴》選有《豫州牧箴》一首，與《文選》各本作「豫」同，其文有云：「郁郁荆河，伊雒是經」，作「荆」與集注本、明州本、奎章閣本、叢刊本同，尤刻本作「京」，訛。此句下章樵注：「豫州，成周故都風俗文采。」檢《漢書·地理志》：「荆、河惟豫州。」箴文與之相符，是集注本作「預」疑誤，當據改。集注本之李善注，所引《左氏傳》之後、揚雄《預（豫）州箴》之前，尚引有《文選》卷一七王子淵《洞簫賦》「又足樂乎其敞閑也」以索「閑敞」之源，又引有《說文·攴部）》「敞，（平治）高土，可遠望也」以釋「敞」，還引有《楚辭》（《九章·思美人》）：「紛郁郁其遠蒸（兮）」以指明「紛郁郁」之最早出處，最後引揚雄《預（豫）州箴》，以彰「郁郁」一詞在漢代的運用，思維慎密，一絲不苟，而今本《文選》中之此條李善注，則顯得挂一漏萬，疏紕多矣。其所引《文選鈔》，先釋辭，「體，謂土地形體」，以「寬閑博敞」釋「閑敞」，更進而釋之曰「廣寬之貌」；又曰：「紛，盛也。」「已下九句」，謂此下「爾其地勢」至「三方是通」以次九句，一言以蔽之，是「言南都土地寬閑美盛，最善也」。承上啓下，對賦文的闡釋頗爲得體。其所引《文選音決》：「塏，口改反；敞，昌養反；郁，於六反。」案慧琳《一切經音義》卷六一、卷七七、卷八一、卷八五、卷九八釋「塏」并作「開改反」；《經典釋文》卷一八《春秋左氏音義之四》（昭公三年）作「苦待反」。「口改」、「開改」、「苦待」三者之反切，音並同也。慧琳《音義》卷一三、卷二四、卷三六、卷四六、卷六〇、卷八二、卷九一釋「敞」，並作「昌掌反」，卷二九、卷七七作「昌兩反」，卷五九作「齒掌反」。「昌養」，「昌掌」，「昌兩」，「齒掌」四者之反切，音亦同也。慧琳《音義》卷四、卷六釋「郁」，並云「於六反」，與集注本同。其引五臣張銑注，全是釋辭，除「爽，明」一條用杜預注外，其餘均爲李善注或《文選鈔》的摘要。

通觀此二殘片，每行正文（大字）十四，注語（小字）二十三；第一幀存文四行，計正文十五字，注語九十八字；第二幀存文亦四行，計正文十二字，注語一百四十六字，都爲正文（大字）二十七，注語（小字）·二百四十四。這正文注語總字數不到三百的兩個殘片，其價值和意義有如下數端：其一，今本《文選》李善注，已非其原貌，既有畫蛇添足的增（如第一幀「於」字的「於孤切」），亦有不可思議的削（如第一幀之删《爾雅》、第二幀之删《洞簫賦》、《說文》、《楚辭》），因之，還原李善注原貌當成爲而今文選學研究的當務之急。其二，應注重對文選學佚著的輯錄、整理和研究。如上所述，《文選鈔》和《文選音決》是兩部亡佚已久的文選學著作，僅在《文選集注》之注語中保存了若干條佚文，如何利用現存之《文選集注》進行輯佚和進一步系統研究，也是一刻不容緩的研究課題。其三，今本《文選》之各家舊注，已非其原貌，當使各家舊注各歸其主，各逞其態。「知音君子，其垂意焉」（《文心雕龍・知音》）。

敦煌本《文選》賦二篇校證

敦煌本《文選》殘卷中，除 P2528《西京賦》寫卷、P3480《登樓賦》寫卷及 S3663《嘯賦》寫卷外（以上三篇賦，我在《敦煌本〈昭明文選〉研究》一書中曾予以校釋），尚有俄藏 L1502《吳都賦》和 S9504《恨賦》寫卷。此二篇，其影印件分別見於饒宗頤《敦煌吐魯番本文選》圖版二十一和二十九（中華書局 2000 年 5 月），從其形制、字體及避諱等方面看，屬唐鈔，白文無注，當轉錄於李善注本前的鈔本。《吳都賦》一篇還保留有兩條音釋，以及大量的唐代俗字。此二篇賦，出於敦煌石室，不獨在文選學上有著重要的文獻價值，在研究唐代文字學、音韻學以及中外文化交流等方面，也有著重要價值。今將其全文移錄。移錄時，爲存舊式，文中之俗字別字一仍其舊，以五種傳世宋刻本《文選》與之比勘、校其異同，證其正訛，既用敦煌寫本校訂傳世刻本的錯訛，又以傳世刻本考其敦煌寫本的疏闕，彼此互證，力圖校訂出一個接近蕭選原貌的文本。由於兩篇用以比勘之本稍有不同，但於各篇之頭條注語中說明，此不一一臚列。

吳都賦 (1)　　*左太沖*

〔上殘〕波而振緡 (2)。想萍實之復形 (3)，訪靈夔於鮫人 (4)。精衛銜石而遇繳，文鰩夜飛而觸綸。北山亡其翔翼，西海共失其遊鱗 (5)。雕題之士，鏤身之卒祖兀 (6)，比飾虯龍 (7)，蛟螭與對 (8)。藺其華質 (9)，則䚮費錦繢 (10)，粝其虓勇 (11)，則雕悍狼戾 (12) 相與昧潛險，搜瓌奇。摸瑇瑁 (13)，捫觜攜 (14)。剖巨蚌於迴淵 (15)，濯明月於漣漪。畢天下之至多 (16)，訖無索而不臻 (17)。谿壑為之一路罄 (18)，川瀆為之中貧。哂澹臺之見謀，聊襲海而徇珎 (19)，載漢女於後舟，追晉賈而同塵。汩乘流以砰宕，翼飄風之飊飊 (20)。直衝濤而上瀨，常沛沛以悠悠 (21)。汔可休而飄歸(22)，揖大吳與楊侯(23)。指包山而為期(24)，集洞庭而淹留®。數軍實乎桂林之苑 (25)，饗戎旅乎落星之樓。置酒若淮泗，積餚若山丘 (26)。飛輕軒而酌淥醽(27)，放雙轡而賦珎羞(28)。飲烽起，嚼□□鼓晨(29)。工遺惓 (30)，眾懷忻 (31)。幸乎館𦾰之宮 (32)，張女樂而娛群臣。羅金石與絲 (33)，若夫鈞天之下陳 (34)。發東歌 (35)，操出高南音，徧陽阿，詠

秣秠(36)。**荆豔楚儛**(37),**吳愉越吟**(38)。**□習容裔**(39),**靡靡悟悟**(40)。**若此者,與夫唱和之□□**(41),**動鍾磬之鏗眊**(42)。**有殷坻頽於前**(43),**曲度難勝,皆與謠俗汁協**(44),**律呂相應。其奏樂也,則木石潤色。其吐哀也,則□風暴興**(45)。**惑〔下殘〕**(46)。

校證

(1)本篇錄自俄藏 L1502 號寫卷。該寫卷起「波而振緡」,訖「風暴興惑」,存二十三行,行十五或十七字,白文無注。以國家圖書館藏中華書局影印淳熙八年貴池尤袤刊李善注本《文選》(簡稱尤刻本)、臺灣藏並影印宋紹興三十一年建刊本五臣注本《文選》(簡稱五臣本)、日本汲古書院影印彼邦足利學校藏宋明州州學刊五臣李善注本《文選》(簡稱明州本)、韓國影印其奎章閣藏彼邦明宣德三年銅活字翻宋元祐九年秀州州學刊五臣李善注本《文選》(簡稱奎章閣本)、宋紹興間贛州州學刊李善五臣注本《文選》(簡稱贛州本)、四部叢刊初編影宋建刊本李善五臣注本《文選》(簡稱叢刊本)與之比勘。案標題及作者題署原佚,乃筆者所加。

(2)波,各本並作「水」。「緍」,各本並作「緡」。案唐人以避太宗諱改「緡」作「緍」,是「緍」與「緡」通也。

(3)蓱,尤刻本、奎章閣本作「萍」。案「蓱」乃「蓱」之別體,而「蓱」、「萍」字同也。

(4)夓,夓各本作「夔」。案「夓」乃俗體,見《干祿字書》。

(5)西海共失其遊鱗,各本無「共」。案「北山亡其翔翼,西海失其遊鱗」乃駢句,「共」字不當有,敦煌本衍。

(6)「卒」下夾注之「祖兀」二小字,與下文「嚼鼓震」句「嚼」下夾注之二小字(模糊不清)及「操南音」句「操」下夾注之「出高」二小字,爲此三字之反切,乃此寫卷僅有之三條音釋。

(7)【餙】,敦煌本「飾」用別體。虬,敦煌本「虯」用俗體。

(8)鮫鱗敦煌本「蛟螭」用俗體。

(9)蕳,各本並作「簡」。案敦煌本從竹從草之字常混用,此乃一例。

(10)豈,尤刻本作「𧯷」。五臣本、明州本、贛州本、叢刊本、奎章閣本作「豈」。案《方言》卷一〇:「豈,嗇貪也,荆汝江湘之郊,凡貪而不施謂之豈。」而「𧯷」「豈」字同,敦煌本作「豈」,訛。絹,各本作「繢」。

（11）斨，，各本作「料」。案敦煌本「料」用別體。

（12）雕，各本作「鵰」。戾，各本作「戾」。案敦煌本「戾」用別體。

（13）瑇瑁，各本作「蝳蝐」。案《類篇・玉部》：瑇：「瑇瑁……介蟲。」又：瑁：「瑇瑁，龜屬。」

（14）携，各本作「蠵」。案《爾雅・釋魚》「二曰靈龜」，郭璞注：「涪陵郡出大龜，甲可以卜，緣中文似瑇瑁，俗呼爲靈龜，即今觜蠵龜。」是各本作「蠵」是，敦煌本訛。

（15）蚌，敦煌本「蚌　」用俗體。迴，各本作「回」。洲，敦煌本「淵」字避諱用別體。

（16）多，各本作「異」。

（17）索，敦煌本「索」用別體。臻，各本作「臻」。案作「臻」是，敦煌本訛。

（18）鳖，敦煌本「鼈」用別體。一路，各本無「路」。敦煌本「路」字衍。磬，各本作「罄」。案「罄」、「磬」古通，詳《說文・人部》「俔」字下段注。

（19）侚，尤刻本作「殉」，五臣本、明州本、贛州本、叢刊本、奎章閣本作「徇」。案「侚」、「徇」字同，「徇」與「殉」通。珎，敦煌本「珍」用別體。

（20）颸，各本作「颸」。案「颸」、「颸」字同。飂，各本作「飂」，敦煌本「飂」用別體。

（21）悠，敦煌本「悠」用別體。

（22）颽，各本作「凱」。案《玉篇・風部》：「颽，南風，亦作凱。」

（23）楊侯，各本「楊」作「陽」。案：李善注云「陽侯見《南都賦》。」檢《南都賦》「陽侯澆兮掩鳧鷖」句李善注引《淮南子（・覽冥篇）》：「武王伐紂，渡於孟津，陽侯之波，逆流而擊之。」及高誘注：「陽侯，陽國侯也。」是各本作「陽侯」是，敦煌本作「楊侯」訛也。

（24）留，敦煌本「留」用別體。

（25）菀，各本作「苑」。案「菀」與「苑」通。

（26）餚，各本作「肴」。案「餚」「肴」字同。

（27）輊，敦煌本「輕」用俗體。淥，各本作「綠」。酃，明州本、贛州本、叢刊本、奎章閣本作「醽」。案李善注引《湘州記》云：「湘州臨水縣有酃湖，取水爲酒名曰酃酒。」又案《後漢書・郡國志四》長沙郡有酃縣，劉昭注引《荆州記》云：「有酃湖，周回三里，取湖水爲酒，酒極甘美。」此乃以地名爲酒名，敦煌本、尤刻本、五臣本作「酃」是，明州本、贛州本、叢刊本、奎章閣本之祖本秀州本刊刻時，蓋以《集韻・青韻》:「醽，湘東美酒，通作酃。」遂改「酃」作「醽」也。

（28）放，各本作「方」。案審其文勢，敦煌本作「放」爲勝。珎，敦煌本「珍」用別體。

（29）嚼，各本作「釂」。案飲酒盡曰釂，見《禮記・曲禮上》:「長者舉，未釂，少者不敢飲」句鄭玄注。而「嚼」亦有飲酒盡之義，《史記・游俠列傳》:「（郭）解姊弟負解之勢與人飲，使之嚼。」裴駰集解引徐廣曰：「酒盡也。」是「嚼」與「釂」通也。嚼下之音注（反切），模糊不清，今以□□代之。皷，敦煌本「鼓」用俗體。晨，各本作「震」。案作「震」是，敦煌本訛。

（30）工，各本作「士」。遺，敦煌本「遺」用本字。惓，各本作「倦」。案「惓」與「倦」通。

（31）忻，尤刻本作「欣」。案「欣」「忻」字同。

（32）㾓，各本作「娃」。案作娃是，敦煌本訛。

（33）羅金石與絲　，各本「絲　」作「絲」,「絲」下有「竹」字。案敦煌本「絲」用俗體，下奪「竹」，當據補。

（34）若夫，各本無「夫」字。釣，各本作「鈞」。案《史記・扁鵲列傳》:「（趙）簡子寤，語諸大夫曰：『我之帝所甚樂，與百神遊於鈞天，廣樂九奏萬舞，不類三代之樂，其聲動心。』」是各本作「鈞」是，敦煌本訛。

（35）發，尤刻本、贛州本、叢刊本作「登」，贛州本、叢刊本注云：「五臣作發。」明州本、奎章閣本注云：「善本作登。」

（36）秼秹，各本作「韎任」。案《周禮・春官・鞮鞻氏》:「鞮鞻氏掌四夷之樂與其聲歌。」鄭玄注：「四夷之樂，東方曰韎，南方曰任。」又《禮記・明堂位》:「昧，東夷之樂也，任，南夷之樂也。」（「昧」與「韎」通）是各本作「韎任」是，敦煌本作「秼秹」者，同音假借也。

（37）荆，敦煌本「荆」用俗體。儛，各本作「舞」。案「舞」、「儛」字同。

（38）愉，五臣本、明州本、奎章閣本作「歈」，明州本、奎章閣本注云：「善本作愉」；贛州本、叢刊本注云：「五臣作歈。」案「歈」、「愉」字同。

（39）「習」上缺文，各本作「翕」。

（40）悟悟，各本作「愔愔」。

（41）「之」下缺文，各本作「隆響」。

（42）鍾，叢刊本作「鐘」。磬，尤刻本作「鼓」。聇，五臣本、明州本、奎章閣本作

「鈜」，明州本、奎章閣本注：「善本從耳」；贛州本、叢刊本注：「五臣從金。」

（43）頽，敦煌本「頽」用別體。

（44）汁，五臣本、明州本、奎章閣本作「叶」；贛州本、叢刊本注云：「善本作汁。」案「汁」與「叶」通。

（45）「則」下缺文，各本作「淒」，當據補。

（46）惑，各本作「或」。案敦煌本「惑」用俗體。審其文勢，以作「或」爲是，敦煌本訛。

恨 賦（1）　江文通

〔上殘〕魂。氏生對此（2），天道寧論。於是□□□□（3），□□□□（4），□□□□（5），伏恨而死。借如秦帝案劒（6），諸□□□（7）。□□□□（8），□□□□（9），□□為城（10），紫淵為池（11）。雄啚既溢（12），□□□□（13）。□□□□□□□□（14），□海右以送日（15）。一旦魂断（16），宮車晚□（17）。□□□□□□□（18），□□□□（19）。□暮心動（20），昧旦神興（21）。別艷姬与□□（22），□□□□□□□（23）。□□□□（24），□来填膺（25）。千秋万歲（26），為怨難□（27）。□□□□□□□（28），□□□□（29）。□□擊柱（30），吊影慙魂（31）。情往上郡（32），□□□□（33）。□□□□（34），□□□□（35）。□□溘至（36），握手何言。若夫明□□□（37），□□□□（38）。□□□□（39），□□□□（40）。□□忽起（41），白日西匿。壟〔下闕〕（42）。

校證

（1）本篇錄自 S9504 號寫卷，起「魂民生到此」，訖「白日西匿壟」，存九行，且此九行文字上半殘闕，所存下半行，多者十一字，少者七字。白文無注。以尤刻本、五臣本、明州本、叢刊本、奎章閣本比勘。案標題及作者題署原佚，乃筆者所加。

（2）氏，各本作「人」。案敦煌本「民」字避諱寫作「氏」。對，敦煌本「到」用別體。

（3）「於是」下缺文，各本作「僕本恨人」。

（4）此句，各本作「心驚不已」。

（5）此句，各本作「直念古者」。

(6) 借，各本作「至」。案《詩・大雅・抑》:「借曰未知，亦既抱子。」毛傳:「借，假也。」借如，假如也。據此，知古本《文選・恨賦》此字有作「借」者。案，各本作「按」。

(7)「諸」下缺字，各本作「侯西馳」。，

(8) 此句，各本作「削平天下」。

(9) 此句，各本作「同文共規」。

(10)「為」上缺文，各本作「華山」。

(11) 渕，敦煌本「淵」字避諱用別體。

(12) 啚，敦煌本「圖」用別體。

(13) 此句，各本作「武力未畢」。

(14) 此句，尤刻本、叢刊本作「方架黿鼉以為梁」，叢刊本注云:「五臣本作駕字」；五臣本、明州本、奎章閣本「架」作「駕」，明州本、奎章閣本注云:「善本作架字。」

(15)「海」上缺文，各本作「巡」。敦煌本「海」字止存右旁之下半部，今據各本將其補全。

(16) 旦，五臣本作「且」。案五臣本「旦」用別體，與東魏《任城文宣王竫妃馮氏墓》同。断，敦煌本「斷」字用俗體。

(17)「晚」下缺文，各本作「出」。

(18) 此句，各本作「若乃趙王既虜」。

(19) 此句，各本作「遷於房陵」。

(20)「暮」上缺文，各本作「薄」。「暮」字敦煌本止存下半部之「日」，今據各本將其補全。

(21) 旦，五臣本「旦」作別體「且」。

(22) 艷，各本作「豔」。案敦煌本「豔」用別體。与，敦煌本「與」用俗體。「與」下缺文，各本作「美女」。

(23) 此句，各本作「喪金輿及玉乘」。

(24) 此句，各本作「置酒欲飲」。

(25) 来，敦煌本「來」用俗體。「來」上缺文，各本作「悲」。

(26) 炢，各本作「秋」。案「烁」乃「秋」之本字，見《說文・禾部》。敦煌本將「烁」寫作「炢」，誤。万，敦煌本「萬」用俗體。

(27)「難」下缺文，各本作「勝」。

（28）此句，各本作「至如李君降北」。案據前文「借如秦帝案劒」推測，此處之「至」，敦煌本當作「借」。

（29）此句，各本作「名辱身冤」。

（30）「擊」上缺文，各本作「拔劍」。

（31）吊，各本作「弔」。案「吊」與「弔」通。

（32）徃，各本作「往」。案敦煌本「徃」用俗體。

（33）此句，各本作「心留雁門」。

吐魯番本《文選・七命》殘卷考

俄藏敦煌吐魯番文獻和德藏吐魯番文獻中，有兩個《文選・七命》殘卷。這兩個殘卷雖然分藏兩地，而字體、形制完全相同，當爲同一寫卷的兩個不相銜接的片斷。現分別將其考釋如下。

在俄藏敦煌吐魯番文獻中，有一編號爲 Dx.1551 的《文選》張景陽《七命》寫卷。此乃一徑寸之殘卷，殘卷由於殘泐太甚，只能將其逐行迻錄（其影印件可參見饒宗頤《敦煌吐魯番文選》圖版第五十三頁）：

第一行：【上殘】虞人數獸【下殘】

第二行：【上殘】息馬韜弦張晏摛勤【下殘】

第三行：【上殘】軒說文【下殘】

計存文三行，得正文九字，雙行小字注語六字，都爲十五字。其「息馬韜弦」句下和「軒」下的小字注語，大體與今本李善注本《文選》相合，其爲李善注本之寫本，當無疑義。今據有李善注的幾種《文選》，即國家圖書館藏中華書局影印南宋淳熙八年貴池尤袤刊李善注本《文選》（簡稱尤刻本）、日本汲古書院影印彼邦足利學校藏宋明州州學刊五臣李善注本《文選》（簡稱明州本）、韓國奎章閣藏並影印彼邦明宣德三年銅活字翻北宋元祐九年秀州州學刊五臣李善注本《文選》（簡稱奎章閣本）、四部叢刊初編影南宋建刊本李善五臣注本《文選》（簡稱叢刊本），對之考釋如下：

第一行：「虞人數獸」句下缺文，今本《文選》各本並作「林衡計鮮」，「林衡計鮮」句下尤刻本李善注云：「《周禮》有『虞人』，又有『林衡』。孔安國《尚書傳》曰：『鳥獸新殺曰鮮。』」叢刊本此條李善注無「孔安國」三字，明州本、奎章閣本此條李善注「鮮」下有「也」。案李善注所引《周禮》，「虞人」見《周禮・夏官・大司馬》：「虞人萊所田之野爲表」，鄭玄注云，「鄭司農云：『虞人萊所田之野，芟除其草萊，令車得馳驅。』」此「虞人」，當爲《周禮》上文《地官・山虞》之「山虞」，其職「掌山林之政令，物爲之厲，而爲之守禁」，且「若大田獵，則萊山田之野，植虞旗於中，致禽而珥焉。」而「林衡」則見《周禮・地官・林衡》，所「掌巡林麓之禁令而平其守」。善注所引孔安國《尚書傳》，見《虞書・益稷》「暨益奏庶鮮食」句下孔傳：「鳥獸新殺曰鮮。」

第二行：「息馬韜弦」上缺文，今本《文選》各本並作「論最犒勤」。「息馬韜弦」句下，尤刻本李善注作「張晏《漢書注》曰：『最，功第一也。』《西京賦》曰：『犒勤賞功。』杜預《左氏傳注》曰：『犒，勞也。』又曰：『韜，藏也。』」明州本、奎章閣本同，叢刊本作：「張晏《漢書》曰：『最，功第一也。《西京賦》：『犒勤賞功。』《左傳注》：『犒，勞也，』『韜，藏也。』」案李善所引張晏《漢書注》，見今本《漢書》卷四一《樊噲傳》「灌廢丘，最」句顏師古注引：「張晏曰：『最，功第一也。』」李善注引《西京賦》，見《文選》卷二。其所引杜預《左氏傳注》「犒，勞也」見《左傳》僖公二十六年「使展喜犒師」句杜注：「勞齊師」及昭公五年「吳子使其弟蹶由犒師」句杜注：「犒，勞。」其引杜注「又曰：『韜，藏也』」見《左傳》宣公十二年：「載戢干戈，載櫜弓矢」（此二句乃《詩・周頌・時道》原句），杜注：「戢，藏也，櫜，韜也。」戢櫜相對爲文，而杜注訓戢爲藏，釋櫜爲韜，是韜有藏義也。《文選》卷一三謝惠連《雪賦》「揜日韜霞」句及《文選》卷四七陸機《漢高祖功臣頌》「弢老匿跡」句李善注引杜注並與此條同。

第三行：「軒」上缺文，尤刻本作「肴駟連鑣酒駕方」七字，今本《文選》各本并同。「酒駕方軒」句下尤刻本李善注云：「《說文》曰：『鑣，馬銜也。』《西京賦》曰：『酒車酌醴，方駕授饔。』」奎章閣本「酒車」作「並車」，明州本、奎章閣本「饔」下有「也」。案李善注引《說文》，見今本《說文》卷一四上《金部》。所引《西京賦》，見今本《文選》卷二。今本《文選・西京賦》各本並作「酒車」（奎章閣本《西京賦》正文亦作「酒車」），又檢日本上野精一氏藏古鈔卷子本《文選》卷一及日本猿投神社藏弘安五年（一二八二年）及正安（一三〇二年）古鈔卷子本《文選》卷一，無有作「並車」者（上野本此句之「醴」作「醲」），奎章閣本注引作「並車」，疑誤。

二

編號爲Ch.3164的德藏吐魯番文獻亦《文選・七命》殘卷（其影印件可參見饒宗頤《敦煌吐魯番文選》圖版第五十二頁）。此寫卷爲一殘片，存文五行，計正文（大字）二十四字，注語（雙行小字）一百五十四字。李善注本。與俄藏本間奪去「千鍾電釂，萬燧星繁」以次若干句，當爲此寫卷的後一部分。現將該寫卷迻錄如下（正文頂格，注語低二格書寫）：

【上殘】下之壯觀

公子曰：余病未能□□□□□□□□□□□□營

《越絕書》曰：「楚王召風湖子而問之曰：『寡人聞吳有干將，越有歐冶子，寡人願賫邦之重寶，請此二人作爲劒可乎？』□□□□□之吳，見歐冶子、干將，使之作鐵劒□□，□□□□，二曰大阿，三曰工市。」「陽劒」見下文。

耶谿之鋌，赤山之精

《越絕書》曰：「越王□□□□劒五聞於天下。客有能相劒者，名曰薛燭，王召而問之，對曰：『當□□劒之時，赤堇之山破而出錫，若耶之谿涸而出銅。』」許愼《淮南子》注曰：「鋌，鐵□。」□□反。精謂□□□□□。

銷踰羊頭，鍱越鍛成

《淮南子》曰：「苗山之鋌，羊頭之銷，雖水斷龍□，□□□□，□□□□。」□□□：「□，生鐵。」【下殘】

正文第一段，尤刻本、明州本、奎章閣本、叢刊本并作：「公子曰：『余病未能也。』大夫曰：『楚之陽劒，歐冶所營。』」寫卷殘存文字，與《文選》諸本同，其所佚文字，亦不可能有異。

正文第二段，除「耶谿」之「耶」尤刻本作「邪」外，其餘文字與各本並同。案作語氣詞時，「耶」「邪」字通，說詳《干祿字書》。

正文第三段，「鍱」字尤刻本、叢刊本作「鏷」，叢刊本注：「五臣作鍱。」明州本、奎章閣本作「鍱」，二本並注曰：「善本作鏷字。」案《說文・金部》：

「鍱，鏶也，齊謂之鍱。」段注：「此謂金銅鐵椎薄成葉者。」而今本《文選》此句下李善注有云：「鏷或謂爲鍱。」又引《廣雅》曰：「鍱，鋌。」（此段文字寫卷佚）是「鏷」與「鍱」通也，《說文》、《玉篇》均無「鏷」字，明州本、奎章閣本作「鏷」恐誤。

注語第一段，引《越絕書》，今本《越絕書・外傳記寶劍》作：「楚王召風胡子而問之曰：『寡人聞吳有干將、越有歐冶子，（此二人甲世而生，天下未嘗有，精誠上通天，下爲烈士。）寡人願�邦之重寶，（皆以此奉，因吳王）請此二人作鐵劒，可乎？』（風胡子曰：『善』。）於是（乃令）風胡子之吳，見歐冶子、干將，使人作鐵劒。（歐冶子、干將鑿茨山，洩其溪，取鐵英，作爲鐵劒）三枚：一曰龍淵；二曰泰阿；三曰工布〔注：一作市〕。」（案括號內文字爲注語所刪略者。下同）。其文字與寫卷注語基本相同。「陽劒見下文」者，即謂參見本篇下文「神器化成，陽文陰縵」句注語也。其注引《吳越春秋》曰：「干將者，吳人，造劒二枚，一曰干將，二曰莫耶。莫耶者，干將之妻名也。干將曰：『吾師之作冶也，金鐵之類不銷，夫妻俱入冶爐之中。』莫耶曰：『先師親爍身以成物，妾何難也。』於是干將夫妻乃斷髮揃爪，投之爐中，使童女三百，鼓橐裝炭，金鐵乃濡，遂以成劒。陽曰干將，而作龜文；陰曰莫耶，而漫理。干將匿其陽，出其陰，而獻之闔閭，闔閭甚重之。」案此段注語是將《吳越春秋，闔閭內傳》「干將者」至「闔閭甚重之」一段文字刪略而成，所不同者，其「斷髮剪爪，投於爐中」者乃干將之妻，非如注語之「干將夫妻」；「鼓橐將炭」者，乃是「使童女童男三百人」，非如注語之止「童女三百」也。

注語第二段，所引《越絕書》，乃《越絕書・外傳記寶劍》「昔者越王句踐有寶劍五」至「涸而出銅」一段文字之刪略，兩者文字，並無二致。其所引許慎《淮南子》注，止存三字，且第三字止存右半部「菐」。《文選》各本並作「許慎《淮南子》注曰：『鋌，銅鐵璞也。』」案此乃《淮南子・脩務》篇許注佚文，此條注語又見慧琳《一切經音義》卷四九「鋌」下注引：「許叔重注《淮南子》云：『銅鐵璞也。』」《說文・金部》：「鋌，銅鐵樸也。」寫卷此字之左半殘佚，無法判其爲「木」旁或「玉」旁也。「反」前所佚二字，尤刻本爲「徒鼎」，明州本、奎章閣本、叢刊本此二字在正文「鋌」字下，作小字。案此二字乃「鋌」字之反切。「謂」字以下佚文，《文選》各本並作「其中尤善者」。

注語第三段，所引《淮南子》缺佚多字，今《文選》各本並作「苗山之鋋，羊頭之銷，雖水斷龍髯，陸剸兕甲，莫之服帶。」案此引乃《淮南子・脩務》篇文，今本《淮南子》「鋋」作「鏈」，「髯」作「舟」。王念孫謂「鏈」當作「鋋」，（詳《廣雅・釋器》「鋋」字疏證），是也。「生」上缺文，《文選》各本並作「許愼曰：銷」，寫卷所佚，亦當爲此四字。案「許愼曰：『銷，生鐵。』」當爲《淮南子，脩務》篇此句之佚注。《說文・金部》：「銷，鑠金也。」慧琳《一切經音義》卷四、卷八、卷六九引顧野王《玉篇》並云：「猶散也」，均非許愼此訓之義。何寧《淮南子集釋》（卷一九《脩務訓》）曰：「劉台拱謂『銷』同『削』，是也。《周禮・考工記》『築氏爲削』，馬注：『偃曲却刃也。』《本經》『無所錯其剞劂削鋸』，注：『削，兩刃勾刀也。』《曲禮》『金工』，疏：『削，書刀也。』……此言苗山之矛，羊頭之刀，其刃雖利，而非著名之器，故下云雖水斷龍舟，陸剸兕甲，莫之服帶。」（《淮南子集釋》下冊，1360 頁中華書局一九九八年十月版）。

三

《文選・七發》篇題下李善注：「《七發》者，說七事以起發太子也，猶《楚辭・七諫》之流。」《文心雕龍・雜文》篇：「自《七發》以下，作者繼踵。觀枚氏首唱，信獨拔而偉麗矣。」在列舉了枚氏影響下所產生的一系列「七」體作品後，劉勰接著說道：「枝附影從，十有餘家，或文麗而義暌，或理粹而辭駁，觀其大抵所歸，莫不高談宮館，壯語畋獵；窮瓌奇之服饌，極蠱媚之聲色；甘意搖骨體，豔辭動魂識。雖始之以淫侈，而終之以居正；然諷一勸百，勢不自反。」張協《七命》就是在枚乘《七發》影響下所創作的一篇從內容到形式都與《七發》相仿的諷諫之作。此寫卷，當是將《文選》作品單篇傳鈔流佈至西域者，它充分顯示了中原文化對西域各民族文化的影響，其在中外文化交流史及「絲綢之路」研究等方面的價值和意義，無煩辭費。

關於寫本的年代，當比較滯後，或爲據刻本所鈔。敦煌本 P2528《文選・西京賦》寫卷及 P2527《文選》東方朔《答客難》揚雄《解嘲》寫卷，都是李善注本，此二軸寫卷每條李善注語前都冠有「臣善曰」三字，此乃李善進《文選注》時之原貌，未經鈔寫者改動，且其科段亦與今本《文選》有異。而此兩個殘卷，不獨科段與今本《文選》全同，且每條注語前之「臣善曰」三字已被删去，這充分證明此乃後鈔本。俄藏本第二行「息馬韜弦」句下之注語，從「張晏」至「犒勤」之間，間隔十三字，即「漢書注曰最功第一也西京賦曰」十三字，加上「張晏」共十五字，亦即夾注雙行小字之右排爲十五字，而尤刻本、明州本、奎章閣本「犒勤」下爲十七字，即「賞功杜預左氏傳注曰犒勞也又曰韜藏也」十七字，加上「犒勤」，共十九字。案此爲雙行小字夾注，右左兩行字數應當整齊。即使不完全整齊，左行之字數一般都少於右行之字數，此乃古書體式之通例。即是說，此殘卷，其「犒勤」以下不得超過十三字。若爲十七字，則換行書寫者不當是「犒勤」二字，而應下移三四字。而叢刊本「犒勤」下爲十一字，即「賞功左傳注犒勞也韜藏也」十一字，與此寫卷最爲接近，即雙行小字夾注之左右二行字數大致相等，符合古書鈔寫格式，因之可以認爲，此寫卷當是在有刻本流傳的情況下根據某種刻本傳鈔而成的。德藏 Ch.3164 號寫卷正文和注語與今本《文選》（特別是尤刻本）文字高度吻合這一事實，也充分證明了這一點。

敦煌本 S5550《文選・晉紀總論》殘卷校證

英倫所藏 S5550《文選》干令昇《晉紀總論》，乃一殘片，且只存下部，起「輈驅」，訖「內歛」，共八行二十九字。其中「輈」、「亮」二字只遺下半部。白文無注。今以國家圖書館藏中華書局影印南宋淳熙八年尤袤刊李善注本《文選》（簡稱尤刻本）、臺灣藏並影印南宋紹興三十一年建陽刊五臣注本《文選》（簡稱五臣本）、日本足利學校藏汲古書院影印北宋末明州州學刊五臣李善注本《文選》（簡稱明州本）、四部叢刊初編影南宋慶元間建陽坊刊李善五臣注本《文選》（簡稱叢刊本）、韓國奎章閣藏並影印明宣德三年銅活字翻北宋元祐九年秀州州學刊五臣李善注本《文選》（簡稱奎章閣本）比勘。先將全文移錄於下：

〔上闕〕 **□□□輈**（1），**驅□□□**（2）。□□□□□□□□，（3）□□□□□□□。（4）□□□**以御**□（5），□□□□□□□（6）。□□□□□□（7），□□□□（8），**尔乃取鄧**□□□□（9），□□□□□□□（10），□□□□□（11），□□**其術**（12）。**故能西**□□□（13），□□□□□□（14），□□□□□（15），□□□□（16），**神略獨斷**（17），□□□□（18），□□□□（19），□□□□（20）。

□□□□亮節制之兵（21），□□□□□□□□□□（22）。□□□□（23），□□□虧（24）。於是百姓□□（25），□□□□□（26）。□□□□（27），□□□□（28），□□□內（29），歛（30）〔下闕〕

校證

（1）「軨」上缺文，各本作「遂服輿」。案敦煌本「軫」字用俗體「軨」。

（2）「驅」下缺文，各本作「馳三世」。

（3）此句，各本作「性深阻有如城府」。

（4）此句，各本作「而能寬綽以容納」。

（5）「以」上缺文，各本作「行任數」。「御」下缺文，各本作「物」。

（6）此句，各本作「而知人善采拔」。

（7）此句，各本作「故賢愚咸懷」。

（8）此句，各本作「小大畢力」。

（9）尔，各本作「爾」，案敦煌本「爾」字用俗體「尔」。「鄧」下缺文，各本作「艾於農隙」。

（10）此句，各本作「引州泰於行役」。

（11）此句，各本作「委以文武」。

（12）「其」上缺文，各本作「各善」。術，各本作「事」。

（13）「西」下缺文，尤刻本、五臣本作「禽孟達」，明州本、叢刊本、奎章閣本作「擒孟達」，並注云：「善本不從扌」（奎章閣本「扌」作「手」）。

（14）此句，各本作「東舉公孫淵」。

（15）此句，各本作「內夷曹爽」。

（16）此句，尤刻本、明州本、叢刊本、奎章閣本作「外襲王陵」，五臣本作「外襲王淩」。案《晉書・宣帝紀》：「太尉王淩貳於帝，謀立楚王彪。（三年）夏四月，帝自帥中軍，汎舟沿流，九日到甘城。淩計無所出，乃迎於武丘，面縛水次……即以淩歸於京師……至項，仰鴆而死。收其餘黨，皆夷三族，並殺彪。」李善注引干寶之《晉紀》作「陵」，五臣本作「淩」者，當據《晉書》改也（「淩」、「凌」字同）。

（17）断，敦煌本「斷」字用俗體。

（18）此句，各本作「征伐四克」。

（19）此句，各本作「維御群后」，五臣本「群」作「羣」。

（20）此句，各本作「大權在己」。

（21）「亮」上缺文，各本作「屢拒諸葛」。莭，各本作「節」。敦煌本從草從竹之字常混用，此乃一例。

（22）此句，各本作「而東支吳人輔車之勢」。案：此句之下，明州本、叢刊本、奎章閣本接「軍旅屢動，邊鄙無虧，於是百姓與能，大象始構矣」四句，而尤刻本、五臣本此句下接「世宗承基，太祖繼業」，其下方接「軍旅」以次四句。敦煌本雖文字殘缺太甚，但以第四行末「取鄧」至第五行末「神略獨斷」至第六行末「莭制之兵」之間各本字數推定，此敦煌本每行字數當爲二十或二十一字，若依明州本、叢刊本、奎章閣本之次第，則敦煌本從第六行末「莭制之兵」之「兵」字至第七行末「於是百姓」之「姓」字間恰爲二十一字，第七行末「於是百姓」之「姓」字至第八行末「內歛」之「歛」字間恰爲二十字，若依尤刻本、五臣本，則第六至第七行、第七至第八行間之字數則不合矣。由此可知，此敦煌本文字次第，當與明州本、叢刊本、奎章閣本合，而與尤刻本、五臣本異，今錄文即據此訂定。

（23）此句，各本作「軍旅屢動」。

（24）「虧」上缺文，各本作「邊鄙無」。

（25）「姓」下缺文，各本作「與能」。

（26）此句，各本作「大象始構矣」，五臣本、明州本「構」作「搆」。

（27）此句，各本作「世宗承基」。

（28）此句，各本作「太祖繼業」。案：以上二句，尤刻本、五臣本接於「而東支吳人輔車之勢」句下，與此敦煌本異，詳（22）。

（29）「內」上缺文，各本作「玄豐亂」，敦煌本「亂」字止遺右半而形似「之」字之右部，今姑錄作「亂」，俟考。

（30）歛，各本作「欽」。案據李善注引干寶《晉紀》，知此乃指揚州刺史文欽，是各本作「欽」是，而敦煌本作「歛」訛也。

綜上校理，可知此敦煌本雖只存八行二十九字，其文獻價值頗高，略而言之，有如下數端：其一，保存了不少唐前俗體字如「輭」、「尒」、「断」、「莭」等。其二，其異文有足資參考者如「（各善）其術」今本作「各善其事」。其三，爲訂正《文選》文本提供了有力的佐證（說詳注（22），此不贅述）。

國家圖書館藏敦煌新 1543《文選・辯亡論》寫卷校證

辯亡論二首（1）　陸士衡

昔漢氏失御，姧臣竊命（2），禍基京畿（3），毒遍宇內（4），皇經弛紊（5），王室遂卑。於是羣雄蜂駭（6），義兵四合。吳武烈皇帝慷慨下國（7），電發荆南，權略紛紜（8），忠勇伯世，威淩則夷羿震蕩（9），兵交則醜虜授馘（10），遂掃清宗祊，丞禋皇祖（11）。于時雲興之將帶州，飇起之師跨邑（12），哮闞之羣風驅（13），熊羆之眾霧集（14）。雖兵以義合（15），同盟戮力（16），然皆苞藏禍心，阻兵怙亂。或師無謀律，喪威稔寇，忠規武節，未有若此其著者也（17）。武烈既沒，長沙桓王逸才命世，弱冠秀發，招攬遺老，與之述業。神兵東驅，奮寡犯眾（18），攻無堅城之將，戰無交鋒之虜（19）。誅叛柔服，而江外底定；飭法脩師（20），而威德翕赫（21）。賓礼名賢（22），而張昭為之雄（23）；交御豪俊，而周瑜為之傑。彼二君子皆弘敏而多奇，雅達而聰哲，故同方者以類附，等契者以氣集，而江東盖多士矣（24）。將北伐諸華，誅鋤干紀（25），旋皇輿於夷庚，反帝坐于紫闥（26），挾天子以令諸侯（27），清天步而歸舊物。戎車既次，羣凶側目，大業未就，中世而隕（28）。用集我大皇帝以奇蹤襲逸軌（29），叡心因令啚（30），從政咨乎故實（31），播憲稽乎遺風；而加之以篤固（32），申之以節儉，疇諮俊茂（33），好謀善斷，束帛旅於丘園（34），旍命交乎塗巷（35）。故豪彥尋聲而嚮臻（36），志士希光而景騖（37），異人輻湊，猛士如林。於是張昭為師傅（38）；周瑜陸公魯肅呂蒙之疇（39），入為腹心，出為股肱；甘寧淩統程普賀齊朱桓朱然之徒奮其威（40），韓當潘璋黃盖蔣欽周泰之屬宣其力（41）；風雅則諸葛瑾張承步騭以名聲光國（42），政事則顧雍潘濬呂範呂岱以器任幹職，奇偉則虞翻陸績張溫張敦以風議舉正（43），奉使則趙咨唐衡以敏達延譽（44），術數則吳範趙達以機祥協德（45）；董襲陳武煞身以衛主（46），駱統劉基強諫以補過（47）。謀無遺諝（48），舉不失策（49）。故遂割據山川，跨制荆吳，而與天下爭衡矣。魏氏嘗藉戰勝之威（50），率百万之師（51），浮鄧塞之舟，下漢陰之眾，羽檝万計（52），龍躍川流（53），銳騎千旅（54），虎步原隰（55），謨臣盈室，武將連衡，喟然有吞江滸之志，壹宇宙之氣（56）。而周瑜駈我偏師（57），黜之赤壁，喪旗亂轍（58），僅而獲免，收跡遠遁（59）。漢王亦憑帝王之号（60），率巴漢之民（61），乘危騁變，結壘千里，志報門羽之敗（62），啚收湘西之地（63）。而我陸公亦挫之西陵（64），覆師敗績，困而後濟，絕命永安。續以濡須之寇，臨川摧銳；蓬蘢之戰（65），孑輪不反（66）。由是二邦之將，喪氣挫鋒，勢衂財匱（67），而吳莧然坐乘其弊（68），故魏人請好，漢氏乞盟，遂躋天号（69），鼎峙而立（70）。西屠庸蜀之郊（71），北列淮漢之涘（72），東苞百越之地（73），南括羣蠻之表（74）。於是講八代之礼（74），蒐三王之樂，告類上帝，拱揖羣后。虎臣毅卒（75），循江而守；長戟劲鐵（76），望飈而奮（77）。庶尹盡規於上，四民展業于下（78），化協殊裔（79），風衍遐圻。乃俾一介行人（80），撫巡外域，巨象逸駿，擾於外閑；明珠瑋寶（81），曜於內府（82）。珎瑰重迹而至（83），奇玩應嚮而赴（84）；輶軒騁於南荒，衝輣息於朔野；齊民免干戈之患（85），戎馬無晨服之虞，而帝業固矣。大皇既沒（86），幼主莅朝（87），姦回肆虐。景皇聿興，虔脩遺憲（88），政無大失（89），守文之良主也。降及歸命之初，典刑未革（90），故老猶存。大司馬陸公以文武熙朝，左承相陸凱以謇愕盡規（91），而施績范慎以威重顯（92），丁奉離斐以武毅稱（93），孟宗丁固之徒為公卿，婁玄賀邵之屬掌機事（94），元首雖病，股肱猶良（95）。爰及末葉（96），羣公既喪，然後黔首有瓦解之志（97），皇家有土崩之釁（98），歷命應化而微（99），王師躡運而發，卒散於陣，民奔於邑（100），城池無藩籬之固（101），山川無溝阜之勢（102），非有工輸雲梯之械，智伯灌激之害，楚子築室之圍，燕人濟西之隊，軍未浹辰而社稷夷矣（103）。雖忠臣孤憤，烈士死節（104），將奚救哉！夫曹劉之將，非一世之選（105），向時之師，無曩日之眾，戰守之道，抑有前符，險阻之制（106），俄然未改，而成敗貿理（107），古今詭趍（108），何哉？彼此之化殊，授任之才異也（109）。

校　證

（1）本篇錄自國家圖書館藏敦煌新 1543 號寫卷。題爲二首，實則止存第一篇。起篇題「辯亡論二首」，訖上首篇末「授任之才異也」。存七十一行，行十七、八字，白文無注。以國家圖書館藏北宋天聖明道間刊李善注本《文選》（簡稱天聖本）、國家圖書館藏中華書局影印南宋淳熙八年貴池尤袤刊李善注本《文選》（簡稱尤刻本）、臺灣藏並影印宋紹興三十一年建刊本五臣注《文選》（簡稱五臣本）、日本汲古書院影印彼邦足利學校藏宋明州州學刊五臣李善注本《文選》（簡稱明州本）、韓國奎章閣藏彼邦明宣德三年以銅活字翻北宋元祐九年秀州州學刊五臣李善注本《文選》（簡稱奎章閣本）、宋紹興間贛州州學刊李善五臣注本《文選》（簡稱贛州本）、四部叢刊初編影南宋建刊本李善五臣注本《文選》（簡稱叢刊本）及《晉書》卷五四《陸機傳》（中華書局校點本，簡稱《晉書》）比勘。辯，五臣本、明州本、奎章閣本、贛州本作「辨」，五臣本「辨」上有「陸士衡」三字。案「辨」與「辯」通。論，《文選》各本「論」下有「上下」二字。二首，《晉書》「首」作「篇」。

（2）姧，各本作「姦」。案敦煌本「姦」用別體。

（3）基，奎章閣本作「棊」。案作「基」是，奎章閣本訛。

（4）遍，各本作「徧」。案「遍」、「徧」字同。

（5）綎，各本作「綱」。案敦煌本「綱」用別體。弛，各本作「弛」，案「弛」、「弛」字同。紊，《晉書》作「頓」。

（6）蜂，五臣本、明州本、奎章閣本作「鋒」，明州本、奎章閣本注云：「善本作蜂字。」贛州本、叢刊本注云：「五臣本作鋒字。」

（7）國，五臣本作「国」。案「国」乃別體。

（8）攉，各本作「權」。案敦煌本從手從木之字常混用，此又一例。

（9）淩，《文選》各本作「棱」，《晉書》作「棱」。案「稜」有「威嚴」、「威勢」義，《後漢書·王允傳》：「允性剛稜疾惡。」而「棱」、「稜」字同。「淩」有「淩轢」、「欺壓」義，《管子·君臣》：「於是智者詐愚，強者淩弱。」是敦煌本作「淩」、各本作「棱」並可也。蕩，各本作「盪」。案「蕩」、「盪」字同。

（10）㕛，案敦煌本「交」用別體。

（11）丞，各本作「蒸」。案《列子·天瑞》「舜問乎烝」，唐殷敬順釋文作「丞」，云：「一本作烝」，而「蒸」與「烝」通，是「丞」與「蒸」通，敦煌本作「丞」不誤也。

（12）飇，明州本、贛州本、叢刊本作「飈」，天聖本、《晉書》作「猋」。案「飇」、「飈」字同（詳《正字通·風部》），而「猋」、「飈」古今字，《說文·風部》：「飆，扶搖風也。」段注：「《釋天》曰：『扶搖謂之猋。』郭云：『暴風從下上。』按《爾雅》《月令》用古字，陸云：『《字林》作飇。』」

（13）闞，五臣本、明州本、奎章閣本、贛州本、叢刊本作「嚪」。案李善注引《詩·大雅·常武》：「進厥虎臣，闞如虓虎。」案：「嚪」、「闞」字通。

（14）眾，《晉書》作「族」。集，《晉書》作「合」。

（15）合，《晉書》作「動」。

（16）戮，各本作「勠」。案《公羊傳》桓公十年「言戰，乃敗矣」句何休注：「明舉國無大小，當戮力拒之。」《釋文》：「戮，字亦作勠。」又僖公五年「滅者，上下之同力也」句何休注：「言滅者，臣子與君戮力一心共死之辭也。」《釋文》：「戮音六，又作勠。」是「戮」與「勠」通也。

（17）有，五臣本、明州本、奎章閣本作「見」，明州本、奎章閣本注云：「善本作有字。」贛州本、叢刊本注云：「五臣本作見字。」若，各本作「如」。

（18）寡，敦煌本「寡」用別體。

（19）交，敦煌本「交」用別體。

（20）餝，天聖本、尤刻本、五臣本、明州本、贛州本、叢刊本作「飾」，奎章閣本、《晉書》作「飭」。案「餝」乃「飭」之別體，與《魏元寶月墓誌》同；而「飭」與「飾」通，《戰國策·秦策一》：「文士並飭，諸侯亂惑。」是敦煌本作「餝」，《文選》各本作「飭」，《晉書》作「飾」並不誤也。脩，奎章閣本、《晉書》作「修」。案「脩」、「修」字同。

（21）而，各本作「則」。

（22）礼，敦煌本「禮」用別體。

（23）昭，《晉書》作「公」。

（24）而，五臣本、明州本、奎章閣本、《晉書》無「而」字，明州本、奎章閣本注云：「善本江上有而字。」贛州本注云：「五臣本無而字。」盖，敦煌本「蓋」用俗體。

（25）鋤，各本作「鉏」。案「鉏」、「鋤」字同，賈誼《過秦論》：「鉏耰棘矜，非錟於句戟長鎩也。」（《史記·秦始皇本紀》）而《文選》卷五一載此文，「鉏」作「鋤」。

（26）座，《晉書》作「坐」。于，《文選》各本作「乎」，《晉書》作「於」。

（27）挟，敦煌本「挾」用俗體。

（28）隕，各本作「殞」。案「殞」與「隕」通。

（29）以奇蹤襲逸軌，《晉書》「襲」下有「於」字。

（30）觳，尤刻本、《晉書》作「叡」，五臣本、奎章閣本作「睿」，明州本、贛州本、作「睿」。案「觳」、「睿」字同，「叡」、「睿」乃別體。　囙，敦煌本「因」字用別體。「因」字下天聖本、尤刻本、贛州本、叢刊本有「于」，贛州本、叢刊本注云：「五臣本作乎。」五臣本、明州本、奎章閣本作「乎」，明州本、奎章閣本注云：「善本作于字。」案審其文勢，「因」下當有一「于」或「乎」字，敦煌本奪，當據補。

（31）乎，各本作「于」。

（32）固，《晉書》作「敬」。

（33）諮，各本作「咨」。案「諮」與「咨」通。

（34）旅，敦煌本「旅」用別體。

（35）旆，奎章閣本作「旋」，各本作「旌」。案「旆」、「旋」乃「旌」之別體。交，敦煌本「交」用別體。乎，尤刻本、贛州本、叢刊本作「于」，贛州本、叢刊本注云：「五臣本作乎字。」明州本、奎章閣本注云：「善本作于字。」

（36）嚮，各本作「響」。案《荀子·議兵》：「下之和上也，如影嚮。」是「嚮」與「響」通也。

（37）希，《晉書》作「睎」。

（38）昭，《晉書》作「公」。

（39）疇，尤刻本、《晉書》作「儔」。案《尚書·洪範》：「帝乃震怒，不畀洪範九疇。」僞孔傳：「疇，類也。」又《漢書·韓信傳》：「其疇十三人已斬。」師古注：「疇，類也。」《三國志·魏書·高柔傳》載柔上疏有云：「蕭曹之儔並以元勳代作心膂。」是「疇」與「儔」通也。

（40）淩，五臣本、奎章閣本作「陵」。

（41）當，奎章閣本作「富」。盖，敦煌本「蓋」用俗體。蔣，五臣本作「將」。

（42）永，敦煌本「承」用別體。聲名，各本作「名聲」。

（43）張溫，《晉書》無「張溫」。敦，各本作「惇」。風，各本作「諷」。案《後漢書·仲長統傳》：「欲卜居清曠，以樂其志，論之曰：『諷於舞雩之下，詠歸高堂之上。』」李賢注引《論語·先進》云：「浴乎沂，風乎舞雩，詠而歸。」王應麟《困學紀聞》卷七：「以『風』為『諷』，則與『詠而歸』一義，當從舊說。」是「諷」與「風」通也。議，《晉書》作「義」。案《韓非子・顯學》：「故敵國之君王雖說吾義，吾弗入貢而臣。」是「義」與「議」通也。正，《晉書》作「政」。案《荀子・非相》：「起於上，所以道於下，正令是也。」又《後漢書・陸賈傳》：「夫秦失其正，諸侯豪傑並起。」是「正」與「政」通也。

(44) 咨，五臣本作「浴」，恐誤。唐衡，各本作「沈珩」。案檢《三國志・吳書・吳主（孫權）傳》：「遣都尉趙咨使魏……帝欲封權子登，權以登年幼，上書辭封，重遣西曹掾沈珩陳謝，并獻方物。」又李善注引裴松之所引之《吳書》，所釋乃趙咨沈珩事，是陸機原文當作「沈珩」，各本與之相合，敦煌本作「唐衡」誤，衡乃曹魏之士，而非孫權之臣也。

(45) 機，尤刻本、贛州本、叢刊本、《晉書》作「璣」，贛州本、叢刊本注云：「五臣本作機字。」明州本、奎章閣本注云：「善本作璣。」

(46) 煞，各本作「殺」。案敦煌本「殺」字用俗體。

(47) 強，天聖本、尤刻本、五臣本、明州本、奎章閣本、叢刊本作「彊」。案「強」與「彊」通。

(48) 諝，《文選》各本作「謂」，《晉書》作「計」。案「諝」乃「謂」之別體。

(49) 筞，案敦煌本「策」用別體。

(50) 嘗，叢刊本作「常」，注云：「五臣本作嘗字。」明州本、奎章閣本、贛州本注云：「善本作常字。」

(51) 万，案敦煌本「萬」用俗體。

(52) 檝，尤刻本作「檝」，五臣本、明州本、奎章閣本、贛州本、叢刊本作「楫」。案「楫」與「檝」通，敦煌本作「檝」，乃從手從木之字混用之又一例也。万，敦煌本「萬」用俗體。

(53) 川，各本作「順」。

(54) 旅　，敦煌本「旅」用別體。

(55) 虎　，《晉書》作「武」。案敦煌本「虎」字避唐祖諱用別體，《晉書》改「虎」作「武」也。

(56) 壹，《文選》各本作「一」。

(57) 駈，各本作「驅」，案「駈」與「驅」通，詳《干祿字書》。

(58) 亂，五臣本作俗體「乱」。

(59) 迹，天聖本、尤刻本同，各本作跡。

(60) 号，案敦煌本「號」字用俗體，尤刻本、叢刊本與之同。

（61）率，各本作「帥」。案《荀子・富國》：「將率不能則兵弱。」是「帥」與「率」通也。民，《晉書》作「人」，避唐太宗諱也。

（62）門，各本作「關」。案敦煌本「門」字內有明顯漫漶痕跡，原當作「關」，此指「關羽」也。

（63）啚，各本作「圖」。案「啚」乃別體。

（64）而我陸公，《文選》各本無「我」。

（65）蘢，尤刻本、奎章閣本作「籠」。案敦煌本從草從竹之字常混用，此又一例。

（66）孑，叢刊本作「子」。案孑輪，隻輪也。審其文勢，作「孑」爲是，叢刊本作「子」訛。

（67）屻，《晉書》作「衄」。《廣韻・屋韻》：「衄，俗作屻。」是「屻」「衄」字同也。《文選》左思《吳都賦》：「莫不屻鋭挫芒，拉捭摧藏。」李善注：「屻，折傷也。」又曹植《求自試表》：「流聞東軍失備，師徒小屻。」李善注：「猶挫折也。」

（68）莧，天聖本作「莧」，尤刻本、五臣本、明州本、奎章閣本、贛州本、《晉書》作「莞」，明州本、奎章閣本注云：「善本作莧字。」贛州本注云：「善本作莧字。」叢刊本作「莧」，注云：「五臣本作莞字。」綜上所述，敦煌本與贛州本據以參校之善本同，作「莧。」尤刻本、五臣本、明州本、奎章閣本、贛州本、及叢刊本據以參校之五臣本和《晉書》作「莞。」天聖本、明州本和奎章閣本據以參校之善本及叢刊本作「莧」。案《廣雅・釋詁》：「莞，笑也。」王念孫疏證：「莞者，《論語・陽貨》篇：『夫子莞爾而笑。』何晏注云：『莞爾，小笑貌。』莞，各本作莧，乃隸書之訛，今訂正。」《經典釋文》卷二四《論語音義》「莞爾」作「莧爾」，注云：「本今作莞。」是「莧」、「莞」字同，「莧」乃別體。

（69）号，案敦煌本「號」用俗體。

（70）峙，各本作「跱」。案玄應《一切經音義》卷一《大方廣佛華嚴》第二卷「安跱」條引《字詁》云：「古文峙，今作跱。」是「峙」、「跱」古今字也。

（71）畧，《晉書》作「界」。蜀，各本作「益」。

（72）列，各本作「裂」。案《荀子・哀公》：「兩驂列，兩服入廄。」楊倞注：「列與裂同。」是「列」與「裂」通也。

（73）苞，《文選》各本作「包」。案《左傳》僖公四年：「爾貢苞茅不入。」釋文：「苞或作包」。又《莊子・天運》：「苞裹六極。」釋文：「本或作包。」是「苞」與「包」通也。

（74）講，各本作「講」。案敦煌本「講」用別體，與《魏李憲墓誌》同。礼，案敦煌本「禮」字用俗體。

（75）虗　，《晉書》作「武」。說詳上注（55）。

（76）戟，各本作「棘」。案《毛詩・小雅・斯干》：「如矢如棘。」鄭箋：「棘，戟也。」是「戟」與「棘」通也。劲，案敦煌本「勁」用俗體。鏾，各本作「鎩」。案敦煌本「鎩」用俗體。

（77）飈，尤刻本、明州本作「飇」，《晉書》作「猋」。說詳上注（12）。

（78）四民，《晉書》作「黎元」，避太宗諱改也。展，贛州本作「庶」。于，《晉書》作「於」。

（79）褢　，敦煌本「裔」用別體。』

（80）仐，各本作「介」。案敦煌本「介」用俗體。

（81）寶，贛州本作「實」。案作「寶」是，贛州本訛。

（82）曜，天聖本、尤刻本、叢刊本作「耀」，叢刊本注云：「五臣本作輝字。」明州本、奎章閣本作「輝」，注云：「善本作耀字。」案范甯《春秋穀梁傳序》：「七耀為之盈縮。」釋文：「本又作曜。」是「耀」與「曜」通也。

（83）珎，各本作「珍」。案敦煌本「珍」用別體，與《魏根法師碑》同。迹，五臣本、明州本、奎章閣本、贛州本、叢刊本作「跡」。

（84）嚮，各本作「響」。案「嚮」與「響」通，詳上注（36）。

（85）齊民，《晉書》作「黎庶」，避太宗諱也。

（86）沒，天聖本、尤刻本作「歿」。案《國語・周語下》：「萇劉其不沒乎。」韋昭注：「沒，終也。」《廣雅・釋詁》：「歿，終也。」是「沒」與「歿」通也。

（87）莅，五臣本、明州本、奎章閣本、贛州本、叢刊本作「涖」。案《尚書・周官》：「莅事惟煩。」偽孔傳：「臨政事必煩。」《毛詩・小雅・采芑》：「方叔涖止。」毛傳：「涖，臨。」是「莅」與「涖」通也。

（88）脩，尤刻本、奎章閣本、《晉書》作「修」。

（89）失，各本作「闕」。

（90）革，各本作「滅」。

（91）永，各本作「丞」。敦煌本「丞」用別體。愕，各本作「諤」。案《文選》袁彥伯《三國名臣序贊》：「豈徒蹇愕而已哉。」李善注引《字書》：「愕，正言也。」《玉篇・言部》：「諤，正直之言也。」是「愕」與「諤」通也。

（92）施續，各本「續」作「績」。案施績乃朱然之子，而朱然為朱治姊子，本性施。績以五鳳中表還為施氏，詳《三國志・吳書・朱績傳》。各本作「績」是，敦煌本作「續」訛。

（93）雍，天聖本、尤刻本、贛州本、叢刊本作「離」，贛州本、叢刊本注云：「五臣本有鍾字。」五臣本、明州本、奎章閣本、《晉書》作「鍾離」，明州本、奎章閣本注云：「善本無鍾字。」案《三國志・吳書・三嗣主（孫亮）傳》裴注引陸機《辨亡論》作「鍾離斐」，是五臣本、明州本、奎章閣本、《晉書》作「鍾離斐」是，敦煌本作「雍」，天聖本、尤刻本、贛州本、叢刊本作「離」誤也。

（94）婁，五臣本、明州本、奎章閣本同，明州本、奎章閣本注云：「善本從木。」天聖本、尤刻本、贛州本、叢刊本、《晉書》作「樓」，贛州本、叢刊本注云：「五臣本作婁字。」案《元和姓纂》卷五「婁」姓下引《風俗通》云：「邾婁國之後，子孫以婁爲姓。」又同卷「樓」姓下云：「夏少康之後。周封杞東樓公，子孫以樓爲氏。」是「婁」、「樓」爲不同宗之二姓，《三國志・吳書》本傳作「樓玄」，敦煌本、五臣本、明州本、奎章閣本作「婁」誤。卲，尤刻本作「劭」。

（95）良，五臣本、明州本、奎章閣本同，明州本、奎章閣本注云：「善本作存字。」天聖本、尤刻本、贛州本、叢刊本作「存」，贛州本、叢刊本注云：「五臣本作良字。」

（96）及，《晉書》作「逮」。

（97）志，明州本、奎章閣本、《晉書》作「患」，明州本、奎章閣本注云：「善本作志字。」贛州本、叢刊本注云：「五臣本作患字」。

（98）亹，各本作「釁」。案「亹」乃「釁」之俗體，詳《干祿字書》。

（99）歷，天聖本、尤刻本、贛州本、叢刊本、《晉書》作「曆」，贛州本、叢刊本注云：「五臣本作歷字。」明州本、奎章閣本注云：「善本從日。」

（100）卒散於陣民奔於邑，「民」字《晉書》作「眾」，避太宗諱改也。「於」字明州本同，各本作「于」，天聖本無此八字。明州本、奎章閣本注云：「善本有此二句。」贛州本、叢刊本注云：「五臣無此二句。」

（101）蕃，各本作「藩」。案《尚書・微子之命》「以蕃王室」釋文：「本亦作藩。」又《毛詩・齊風・東方未明》「折柳樊圃」，毛傳：「樊，藩也。」釋文：「本又作蕃。」是「蕃」與「藩」通也。

（102）溝，案敦煌本「溝」用別體。

（103）浃，案敦煌本「浹」用俗體。

（104）烈，五臣本作「列」。案《史記・賈誼列傳》載《鵩鳥賦》「烈士徇名」，《文選》同，《漢書・賈誼傳》作「列」，是「列」與「烈」通也。

（105）之，各本作「所」。

（106）險阻，五臣本、明州本、奎章閣本作「阻險」，明州本、奎章閣本注云：「善本作『險阻』。」贛州本、叢刊本注云：「五臣本作阻險。」制，各本作利。

（107）貿，案敦煌本「貿」用別體。

（108）趍，天聖本、尤刻本、明州本、奎章閣本、贛州本、《晉書》作「趣」，五臣本、叢刊本作「趨」。案《毛詩・齊風・猗嗟》「巧趨蹌兮」，釋文：「本又作趍。」是「趍」與「趨」通。《周禮・地官・縣正》：「趨其稼事而賞罰之。」釋文：「本又作趨。」是「趣」與「趍」通也。「趨」乃「趣」之俗體。

（109）授，五臣本作「受」。

敦煌本《文選・五等論》寫卷校證

五等論一首　陸士衡（1）

夫軆國營治（2），先王所慎，創制遺基（3），思隆後葉。然而經略不同，長世異術（4），五等之制，始於黃唐，郡縣之治（5），創於秦漢（6），得失成敗，備在典謨（7），是以其詳可得而言。夫先王知帝業至重（8），天下至廣（9）。廣不可以偏制（10），重不可以獨任；任重必於借力，制廣終于巨人（11）。故設官分軄（12），所以輕其任也（13）；並建伍長（14），所以弘其制也（15）。於是乎立其封壃之典（16），裁其親疎之宜（17），使万國相維（18），以成磐石之固（19）；宗庶雜居，而定維城之業。又有以見綏世之長御（20），識人情之大方，知其為人不如厚己，利物不如圖身；安上在于悅下（21），為己在乎利人（22）。故《易》曰：「悅以使民，々忘其勞（23）」。孫卿曰：「不利而利之，不如利而後利之々利也（24）」。是以分天下以厚樂，而己得與之同憂（25）；饗天下以豐利（26），而我得与之共害（27）。利博則思篤（28），樂遠則憂深，故諸侯享食土之實（29），万國受世及之祚（30）。然則南面之君各矜其治（31），九服之民（32）知有定主。上之子愛，於是乎生（33）；下之體信（34），於是乎結。世治足以敦風（35），道衰足以禦暴（36）。故強毅之國（37），不能擅一時之勢；雄俊之巨（38），無所寄霸王之志（39）。然後國安由万邦之思治（40），主尊賴羣后之圖身。

譬猶眾目營方，則天經自袒（41）；四體辭難（42），而心膂獲乂。蓋三代所以直道（43），四主所以垂業也（44）。夫盛衰隆弊（45），理所固有，教之廢興，繫于其人（46），愿法期於必諒（47），明道有時而闇。故世及之制，弊於強禦（48）；厚下之典，漏於未折（49）。侵弱之釁（50），遘自三季（51）；陵夷之禍，終于七雄（52）。昔者成湯親昭夏后之鑒（53），公旦目涉商人之戒（54），文質相濟，損益有差（55）。然五等之禮（56），不革于時，封畛之制（57），有隆焉尔者（58），豈翫三王之禍（59），而闇經世之筭乎（60）？固知百世非可懸御，善制不能無弊（61），而侵弱之辱，愈於殄祀（62），土崩之困，痛於陵夷也。是以經始擢其多福，慮終取其少禍（63）。非謂侯伯無可亂之符，郡縣非致治之具也（64）。故國憂賴其釋位，主弱憑其翼戴。及其承徽積弊（65），王室遂卑，猶保名位，祚遺後嗣（66），皇統幽而不輟，神器否而必存者，豈非置勢使之然與（67）！降及亡秦，棄道任術（68），懲周之失，自矜其德（69）。尋斧始於所庇，制國昧於弱下，國慶獨享其利（70），主憂莫與共害。雖速亡趍乱（71），不必一道，顛沛之釁（72），實由孤立。是蓋思五等小怨（73），忘万國之大德（74），知陵夷之可患，闇土崩之為痛也。周之不競（75），有自來矣。國乏令主（76），十有餘世（77），然片言勤王（78），諸侯必應，一朝震振（79），遠國先叛（80）。故強晉收其請隧之圖（81），暴楚頓其觀鼎之志（82），豈劉項之能闚闟（83），勝廣之敢號澤哉！借使秦人囙循周制（84），雖則無道，有與共弊（85），覆滅之禍，豈在曩日！漢矯秦枉（86），大啟王侯（87），境土踰盜（88），不遵舊典，故賈生憂其危，鼂錯痛其乱（89）。是以諸侯阻其國家之富（90），憑其士民之力（91），勢足者反疾，土狹者逆遲（92），六臣犯其弱綱，七子衝其漏網（93），皇祖夷於黔徒（94），西京病其東帝（95）。是蓋過正之灾（96），而非建侯之累也。然呂氏之難，朝士外顧；宋昌策漢，必稱諸侯。逮至中葉，忌其失節，割削宗子，有名無實，天下曠然，復襲亡秦之軌矣（97）。是以五侯作威，不忌万邦（98）；新都襲漢，易於拾遺也。光武中興，纂隆皇統，而猶遵覆車之遺轍（99），養喪家之宿疾（100），僅及數世，豻宂充斥(101)。卆有强臣專朝(102)，則天下風靡，一夫縱橫(103)，而城池自夷(104)，豈不危哉！在周之衰，難興王室，放命者七臣，干位者三子，嗣王委其九鼎，凶族據其天邑，鉦鼙震於閫宇，鋒鏑流于絳闕(105)，然禍止畿甸，害不覃及，天下晏然，以治待亂(106)。是以宣王興於共和(107)，襄惠振於晉鄭。豈若二漢，階闥蹔擾，而四海已沸，孽臣朝入(108)，而九服夕亂哉(109)！遠惟王莽篡逆之事(110)，近覽董卓擅權之際(111)，億兆悼心，愚智同痛。然周以之存，漢以遂亡(112)，夫何故哉？豈世乏曩時之臣，士無匡合之志與(113)？蓋遠績屈於時異(114)，雄心挫於卑勢耳。故烈士扼捥(115)，終委寇讎之手，忠臣變節(116)，以助虐國之桀(117)。雖復時有鳩合同志，以謀王室，然上非奧主，下皆市人，師旅無先定之斑(118)，君臣無相保之志。是以義兵雲合，無救劫弒之禍(119)；民望未改(120)，而已見大漢之滅矣。或以諸侯世位，不必常全；昬主暴君(121)，有時比迹(122)，故五等所以多亂(123)。今之牧守，皆官方庸能(124)，雖或失之，其得固多，故郡縣易以為治(125)。夫德之休明(126)，黜陟日用；長率連屬，咸述其職(127)，而淫昬之君(128)，無所容過，何則其不治哉(129)！故先代有以之興矣。苟或衰陵，百度自悖(130)，鬻官之吏，以貨准才(131)，則貪殘之萌(132)，皆羣后也(133)，安在其不亂哉(134)！故後王有以之廢矣。且要而言之，五等之君(135)，為己思治(136)，郡縣之長，為利圖物(137)，何以徵之？蓋企及進取(138)，仕子之常志，脩己安民(139)，良士所希及(140)。夫進取之情銳，而安民之譽遲(141)。是故侵百姓以利己者，在位所不憚；損實事以養名者，官長所夙夜也(142)。君無卒歲之圖，臣挾一時之志(143)。五等則不然(144)，知國為己土，眾皆我民；民安己受其利(145)，國傷家嬰其痛(146)。故前人欲以垂後，後嗣思其堂搆(147)，為上無苟且之心，羣下知膠固之義。使其並賢居治(148)，則功有厚薄(149)，兩愚處亂(150)，則過有深淺。然則八代之制(151)，幾可以一理貫；秦漢之典，殆可以一言敝(152)（下缺）

校證

（1）本篇錄自《中國歷史博物館藏法書大觀》第十二卷《戰國秦漢唐宋宋墨跡》（日本柳原書店，一九九四年十二月）。以尤刻本、五臣本、明州本、奎章閣本、贛州本、叢刊本、《晉書》卷五四《陸機傳》比勘。五等論，五臣本、明州本、奎章閣本、贛州本、叢刊本「五等」下有「諸侯」二字。

（2）軆，五臣本作「躰」。案「軆」，「躰」乃「體」之別體。營治，尤刻本、《晉書》作「經野」。

（3）遺，各本作「垂」。

（4）卅，敦煌本「世」字缺末筆，避太宗諱。

（5）此處敦煌本「治」字缺末筆，避高宗諱也。案此寫卷「治」字末筆或缺或不缺，無定準也。

（6）於，《文選》各本作「自」。

（7）偹，案敦煌本「備」字用俗體。

（8）夫先王，《晉書》無「先」，「王」下有「者」字。

（9）廣，《文選》各本作「曠」。

（10）廣，敦煌本原作疊字號「々」，今改作本字，《文選》各本作「曠」。徧，各本作「偏」，案審文勢。敦煌本作「徧」爲勝。

（11）廣，《文選》各本作「曠」。案《漢書・武五子（燕刺王劉旦）傳》：「王自歌曰：『歸空城兮，狗不吠，雞不鳴，橫術何廣廣兮，固知國中之無人』。」蘇林曰：「廣音曠」。王念孫《讀書雜志・漢書九》：「廣與曠同」。是「廣」與「曠」通也。于，各本作「乎」。𡆫，敦煌本「因」用別體。

（12）軄，案敦煌本「職」用別體。

（13）軽，案敦煌本「輕」用俗體。

（14）並，奎章閣本作「竝」。案「並」「竝」字同。伍，《文選》各本作「五」。

（15）弘，案敦煌本「弘」用別體。

（16）壃，各本作「疆」。案「疆」「壃」字同。

（17）裁，《文選》各本作「財」。案《漢書・杜欽傳》：「乃爲小冠，高廣裁二寸」。師古曰：「財與裁通，古通用字」。是「財」與「裁」古字通也。踈，《晉書》作「疏」。《毛詩・周南・汝墳》：「父母孔邇」鄭箋：「不能爲疏遠者計也」。《釋文》：「踈，亦作疏。」是「踈」與「疏」通也。宐，各本作「宜」，案「宐」「宜」字同。

（18）万，案敦煌本「萬」字用俗體。

（19）磐，各本作「盤」。案《爾雅・釋山》:「多大石，礐。」郭璞注:「多磐石。」《釋文》:「磐，今作盤，同」。是「磐」與「盤」通也。

（20）卅，案敦煌本「世」字缺末筆。

（21）于，尤刻本、《晉書》作「於」，五臣本、明州本、奎章閣本、贛州本、叢刊本作「乎」，明州本、奎章閣本注云:「善本作於字」。

（22）在，《晉書》作「存」。

（23）悅，尤刻本、贛州本、叢刊本作「說」。案《論語・學而》:「子曰:學而時習之，不亦說乎。」朱熹集注:「說悅同。」又《大戴禮記・曾子制言下》:「以爲己說。」王聘珍解詁:「說謂容悅。」是「說」、「悅」古通也。民，五臣本、明州本、奎章閣本、《晉書》作「人」。民，原作疊字號「々」，當承上字而來，今改正。五臣本、明州本、奎章閣本、《晉書》作「人」，明州本、奎章閣本注云:「善本作二民字」，贛州本、叢刊本注云:「五臣本作人人」。

（24）之之，下一「之」字原作疊字號「々」，今改正。五臣本、明州本、奎章閣本、叢刊本、《晉書》止一「之」字。明州本、奎章閣本注云:「善本作利之之利」;贛州本、叢刊本注云:「五臣本作利之之利」。也，贛州本、叢刊本無「也」，注云:「五臣本有也」。明州本、奎章閣本注:「善本無也」。

（25）而，《晉書》作「則」。

（26）豊，案敦煌本「豐」字用別體。

（27）我，《晉書》作「己」。「与」，案敦煌本「與」字用俗體。

（28）則，《晉書》作「而」。思，各本作「恩」（五臣本作恩之別體「恖」）。案，下句爲「樂遠則憂深」，細玩文意，「思篤」與「憂深」相對爲文，似以作「思」爲勝。

（29）享，五臣本、明州本、奎章閣本、贛州本、叢刊本作「饗」，明州本、奎章閣本注云:「善本作享字」。案《儀禮・聘禮》:「小聘曰問，不享」，《釋文》:「本又作饗」。是「享」與「饗」通也。

（30）万，敦煌本「萬」字用俗體。世及，《晉書》作「傳世」。祚，尤刻本、贛州本、叢刊本「祚」下有「矣」，注云:「五臣本無矣字」，明州本、奎章閣本注云:「善本有矣字」。

（31）然，各本「然」上有「夫」字。矜，各本作「務」。治，《晉書》作「政」，避高宗諱改。

（32）民，《晉書》作「內」，避太宗諱改。

（33）生，明州本作「王」。案明州本作「王」訛。

（34）體，《晉書》作「禮」。

（35）治，《晉書》作「平」，避高宗諱改。

（36）禦，尤刻本、明州本、贛州本、叢刊本作「御」，五臣本、奎章閣本、《晉書》作「禦」。《左傳》文公七年：「華御事爲司寇。」《釋文》：「禦又作御，音同」。是「御」與「禦」通也，而「禦」乃「禦」之別體。

（37）强，五臣本、明州本、奎章閣本、贛州本、叢刊本作「彊」。

（38）巳，敦煌本「民」缺末筆，尤刻本、贛州本、叢刊本作「士」，贛州本、叢刊本注云：「五臣本作民字」，明州本、奎章閣本注云：「善本作士字」。

（39）覇，案敦煌本「霸」用別體。

（40）万，案敦煌本「萬」用俗體。治，敦煌本缺末筆，《晉書》作「化」，避高宗諱也。

（41）綱，叢刊本作「綱」，尤刻本、贛州本、五臣本、明州本、奎章閣本、《晉書》作「網」。

（42）軆，案敦煌本「體」用別體。辞，案敦煌本「辭」用別體。

（43）盖，敦煌本「蓋」用俗體，尤刻本、奎章閣本無「蓋」字，明州本、贛州本、叢刊本注云：「善本無蓋字」。

（44）主，各本作「王」。

（45）弊，五臣本、明州本、奎章閣本作「敝」，明州本、奎章閣本注云：「善本從犬」，贛州本、叢刊本注云：「五臣本作敝字」。案《說文・犬部》：「獘，頓仆也，從犬，敝聲。」《公羊傳》定公五年：「於越者，未能以其名通也；越者，能以其名通也。」何休注：「吳新憂中國士卒罷敝而入之疾，罪重，故謂之於越。」釋文：「弊亦作敝，音同。」是「敝」與「弊」通也。

（46）于，各本作「乎」。

（47）愿，《晉書》作「原」。案李善注引《尚書》（《皋陶謨》）：「愿而恭」句孔安國傳云：「愿，慤也」。是李善本作「愿」也。慤有「謹」義（見《說文・心部》），有「慎」義（見《周禮・秋官，大司寇》「上願糾暴」句注）。《晉書》作「原」恐誤。諒，尤刻本作「涼」。案李善注引《左傳》（昭公四年）云：「渾罕曰：『君子做法於涼，其獘猶貪。』杜預曰：『涼，薄也。』」五臣本注：「（劉）良曰：『愿，謹也；諒，明也，言事明暗不常』」。

（48）弊，五臣本、明州本、奎章閣本作「敝」，明州本、奎章閣本注云：「善本從犬」；

贛州本、叢刊本注云：「五臣本作敝字」。强，《文選》各本作「彊」。㣈，案敦煌本「禦」用別體。

（49）未，贛州本同，各本作「末」。案李善注引《左傳》（昭公十一年）云：「楚子問申無宇：『國有大城，何如？』對曰：『鄭京櫟實殺曼伯，宋蕭亳實殺子游，由是觀之，則害於國，末大必折，尾大不掉。』」杜預注：「折，折其本也」。各本作「末」是也。

（50）疊，五臣本、明州本、奎章閣本、贛州本、叢刊本作「釁」，明州本、奎章閣本注云：「善本作疊」。案「疊」乃「釁」之俗體。

（51）遘，案敦煌本「遘」作別體。

（52）于，《晉書》作「乎」。

（53）昔者，《晉書》無「者」。昭，各本作「照」，敦煌本作「昭」，當避武則天諱改。

（54）商，尤刻本、明州本、奎章閣本、贛州本作「商」。案敦煌本「商」用別體。

（55）差，各本作「物」。

（56）然，《文選》各本作「故」。禮，五臣本、明州本、奎章閣本、贛州本、叢刊本作「體」。明州本、奎章閣本注云：「善本作禮字」，贛州本、叢刊本注云：「五臣本作體字」。

（57）昣，案敦煌本「眕」用別體。

（58）焉，《晉書》無「焉」字。尔，案敦煌本「爾」用俗體。

（59）翫，各本作「玩」。案「翫」「玩」字同。三，各本作「二」。案李善注云：「二王謂夏殷也。」是敦煌本作「三」訛也。

（60）丗，案敦煌本「世」字缺末筆。竿，《文選》各本作「筭」，《晉書》作「算」。案「竿」乃俗體，而「筭」「算」字同也。

（61）弊，五臣本、明州本、奎章閣本作「敝」，明州本、奎章閣本注云：「善本作獘字」，贛州本、叢刊本注云：「五臣本作敝字」。

（62）弥，案敦煌本「殄」用俗體。

（63）經，五臣本作俗體「経」。攉，案敦煌本「權」用俗體。

（64）致治，《晉書》作「興化」，避高宗諱改。也，五臣本、明州本、奎章閣本、《晉書》無「也」，明州本、奎章閣本注云：「善本有也字」；贛州本、叢刊本注云：「五臣本無也字」。

（65）其，各本無「其」。承，案敦煌本「承」字用俗體。微，案敦煌本「微」用別體，與《魏根法師碑》同。五臣本、明州本、奎章閣本無「微」字，明州本、奎章閣本注云：「善本有微字」；贛州本、叢刊本注云：「五臣本無微字。」弊，五臣本、明州本、奎章閣本作「敝」，「敝」上有「其」字，明州本、奎章閣本注云：「善本敝上無其字，善本敝從犬。」

（66）遺，各本作「垂」。

（67）置，《晉書》作「事」。與，尤刻本同，各本作「歟」。

（68）棄，五臣本作「弃」，避太宗諱也。

（69）德，各本作「得」。

（70）獨，明州本、奎章閣本注云：「善本作猶字」。享，各本作「饗」。案「享」與「饗」通。

（71）趍，尤刻本作「趨」，五臣本、叢刊本作「趣」，明州本、奎章閣本、《晉書》作「趣」。案「趍」「趣」「趨」通，而「趣」乃「趣」之俗體。乱，敦煌本「亂」用俗體。

（72）顛，案敦煌本「顛」用別體，與《唐圭峰禪師碑》同。

（73）盖，案敦煌本「蓋」用俗體。等，各本作「等」，下有「之」。案敦煌本「之」奪當補。

（74）万，五臣本、明州本、奎章閣本、贛州本、叢刊本作「經」（五臣本作俗體「経」）。明州本、奎章閣本注云：「善本作萬字」。案敦煌本「萬」用俗體。

（75）競，奎章閣本作「競」。案《古文苑》卷六王延壽《夢賦》：「晉文盬腦，國以竟兮」，章樵注：「竟一作競」。是「竟」與「競」通。而「竟」乃「競」之俗體。（詳見《干祿字書》）。

（76）乏，明州本作「之」。案作「之」誤。

（77）卋，案敦煌本「世」字缺末筆。

（78）言，明州本作「善」。

（79）震，各本作「振」。案《尚書・舜典》：「震驚朕師」。《史記・五帝本紀》作「振驚朕師」，是「振」與「震」通也。又《尚書・大禹謨》：「班師振旅」。僞孔傳：「兵入曰振，振言振眾」。旅，各本作「矜」。案敦煌本「旅」字用別體，作「旅」是，各本作「矜」訛。

（80）國，五臣本作俗體「国」。

（81）强，《文選》各本作「彊」。

（82）頓，案敦煌本「頓」用別體，與《隨韋略墓誌》同。

（83）闚，《晉書》作「窺」。《禮記・禮運》：「皆可俯而窺也。」《釋文》：「本又作闚」。

是「闚」「窺」字同也。

（84）囙，案敦煌本「因」用別體。周，《晉書》作「其」。

（85）弊，五臣本、明州本、奎章閣本作「敝」，且「敝」下有「而」，明州本、奎章閣本注云：「善本無而字，敝從犬」，贛州本、叢刊本注云：「五臣本獘作敝，有而字」。

（86）扗，各本作「枉」。案敦煌本「枉」用俗體（《干祿字書》）。

（87）王侯，《文選》各本作「侯王」。

（88）盜，各本作「溢」。案作「溢」是，敦煌本訛。

（89）鼂，尤刻本作「朝」，五臣本、明州本、奎章閣本、贛州本、叢刊本、《晉書》作「晁」。案「鼂」「晁」字同。尤刻本作「朝」，《後漢書・應劭傳》，其上議有云：「朝氏之父非錯刻峻」，是「晁」與「朝」通也。乱，敦煌本「亂」用俗體。

（90）阻，《晉書》作「岨」。案何超《晉書音義》卷中「列傳第二十七」：「阻險，與嶮岨同」。國，五臣本作俗體「国」。

（91）民，《晉書》作「庶」。

（92）狭，敦煌本「狹」用俗體。逆，案敦煌本「逆」用俗體。遅，案敦煌本「遲」用俗體。

（93）衝，尤刻本作「衢」。案審其文勢，作「衝」是，尤刻本作「衢」非。網，案敦煌本「網」用俗體。

（94）黔，《文選》各本作「黥」。案《說文・黑部》：「黔，黎也……秦謂民爲黔首，謂黑色。」又《說文・黑部》：「黥，墨刑在面也」。

（95）其，各本作「於」。

（96）盖，案敦煌本「蓋」用俗體。灾，案敦煌本「災」用俗體。

（97）軏，案敦煌本「軌」用俗體。

（98）万，案敦煌本「萬」用俗體。邦，《晉書》作「國」。

（99）猶，《晉書》作「由」。

（100）疾，五臣本、明州本、奎章閣本作「侯」，明州本、奎章閣本注云：「善本作疾」，贛州本、叢刊本注云：「五臣本作侯字。」

（101）姧，案敦煌本「奸」用別體，與《魏司馬元興墓誌》同。宄，尤刻本作「軌」。案王符《潛夫論・述赦》：「夫養稂莠者傷禾稼，惠姦軌者賊良民」。是「軌」與「宄」通也。

（102）卒，案敦煌本「卒」用別體，與《漢孔廟置百卒史碑》同。强，《文選》各本作「彊」。

（103）縱，尤刻本同，各本作「從」。案《毛詩・齊風・南山》：「衡從其畝」，是「從」與「縱」通也。横，《晉書》作「衡」，案《南山》篇《釋文》云：「衡，亦作横字」，是「衡」與「横」通也。

（104）而，《文選》各本作「則」。

（105）于，《文選》各本作「乎」，《晉書》作「於」。

（106）治，《晉書》作「安」，避高宗諱改。亂，五臣本作俗體「乱」，《晉書》作「危」。

（107）宣王，五臣本、明州本、奎章閣本作「厲宣」，明州本、奎章閣本注云：「善本作宣王」，贛州本、叢刊本注云「五臣本作厲宣」。

（108）孼，《文選》各本作「孽」，《晉書》作「孼」。案《干祿字書》：「孽孼，上庶孽，下妖孼」，是「孼」與「孽」通也。

（109）而，《晉書》無「而」。亂，五臣本作俗體「乱」。

（110）篹，各本作「纂」。案《干祿字書》：「篹纂，上俗下正。」「篹」乃俗體也。逆，敦煌本「逆」用俗體。

（111）覧，案敦煌本「覽」用俗體。

（112）遂，各本作「之」。

（113）與，各本作「歟」。

（114）盖，案敦煌本「蓋」用俗體。

（115）士，五臣本訛「土」。捥，各本作「腕」。案《史記・封禪書》：「而海上燕齊之間，莫不搤捥而自言有禁方，能神僊矣。」是「捥」與「腕」通也。

（116）忠臣，各本作「中人」。細玩文意，「烈士」與「忠臣」相對爲文，敦煌本作「忠臣」爲勝。

（117）國，五臣本作俗體「国」。

（118）㳥，案敦煌本「旅」用別體。㝎，案敦煌本「定」用俗體。斑，案敦煌本「班」用別體，與《唐盧承業妻李墓誌》同。

（119）刧，五臣本、叢刊本、《晉書》作「劫」。案「劫」與「刧」通，見《干祿字書》。弑，尤刻本、贛州本、叢刊本作「弒」，贛州本、叢刊本注云：「五臣本作殺字」；五臣本、明州本、奎章閣本、《晉書》作「殺」，明州本、奎章閣本注云：「善本作「弒」。案「弑」乃「弒」之別體，「弑」乃「弑」之訛。

（120）民，《晉書》作「衆」，當避太宗諱改。

（121）昬，五臣本、贛州本同，其餘各本作「昏」。案「昬」「昏」古通。說詳《正字通・日部》。

（122）時，贛州本奪「時」。迹，五臣本、明州本、叢刊本作「跡」，明州本、叢刊本注云：「善本作迹字」；贛州本、贛州本、叢刊本注云：「五臣本作跡字」。

（123）亂，五臣本作俗體「乱」。

（124）皆，《文選》各本「皆」下有「以」。

（125）治，《晉書》作「政」。

（126）休，案敦煌本「休」用別體。

（127）職，案敦煌本「職」用別體。

（128）昬，五臣本、贛州本同，其餘各本作「昏」。

（129）治，案敦煌本「治」字缺末筆。

（130）悖，五臣本、明州本、奎章閣本作「勃」，明州本、奎章閣本注云：「善本從心」；贛州本、叢刊本注云：「五臣本作勃字」。案《莊子・庚桑楚》：「徹志之勃」，《釋文》：勃本又作悖。是「勃」與「悖」通也。

（131）准，尤刻本、《晉書》作「準」。案《干祿字書》「准準，上通下正」，是「准」乃俗體。才，《晉書》作「財」。

（132）萌，明州本、奎章閣本作「氓」，并注云：「善本作萌字」；贛州本、叢刊本注云：「五臣本作氓字」。案玄應《一切經音義》卷一《大方廣佛華嚴》第三卷「羣萌」條，萌，「古文氓同」。是「萌」「氓」古通也。

（133）皆，《文選》各本「皆」下有「如」字。

（134）亂，五臣本作俗體「乱」字。

（135）䒭，各本作「等」。案《干祿字書》：「䒭等，上通下正」。是䒭乃俗體也。

（136）治，案敦煌本「治」缺末筆。

（137）利，《晉書》作「吏」。

（138）盖，案敦煌本「蓋」用俗體。

（139）脩，尤刻本、奎章閣本、《晉書》作「修」。民，《晉書》作「人」。

（140）士，《文選》各本「士」下有「之」字。

（141）民，《晉書》作「人」。遅，五臣本作「遟」，各本作「遲」。案「遅」「遟」並爲「遲」之俗體。

（142）夜，《晉書》作「慕」。也，五臣本、明州本、奎章閣本無「也」，明州本、奎章閣本注云：「善本有也字」；贛州本、叢刊本注云：「五臣本無也字」。

（143）挟，案敦煌本「挾」用俗體。
（144）荨，案敦煌本「等」字用俗體。
（145）民，原作疊字號「々」，今改作正字。
（146）國，五臣本用俗體「国」。痛，各本作「病」。
（147）搆，各本作「構」。案「構」與「搆」通，而敦煌本「構」字用別體，與《魏原順墓誌》同。
（148）治，《晉書》作「政」。
（149）則，明州本作「固」。切，各本作「功」。案《干祿字書》：「切功，上俗下正」。
（150）亂，五臣本作俗體「乱」。
（151）然則，五臣本、明州本、奎章閣本、贛州本「則」下有「探」字，明州本、奎章閣本注云：「善本無探字」；叢刊本注云：「五臣本有探字」。
（152）敝，各本作「蔽」，《文選》各本「蔽」下有「矣」，《晉書》「蔽」下有「也」。案《周禮・冬官・弓人》：「長其畏而薄其敝」，鄭司農云：「敝讀爲蔽塞之蔽」。是「敝」與「蔽」通也。

敦煌本石室《文選》李善注本殘卷考

敦煌本《文選》寫卷，李善注本有兩個：P2528張平子《西京賦》和P2527東方曼倩《答客難》、揚子雲《解嘲》。P2528《西京賦》寫卷共三百五十九行，行十五或二十九字，字體介於行楷之間，末標「文選卷第二」，卷末書「永隆年二月十九日弘濟寺寫」一行。永隆（680～681）爲唐高宗年號，弘濟寺在長安，此卷當是寺僧抑或住寺寫經手手錄。李善表上《文選注》在顯慶三年（658），至永隆相去二十二年。李善卒於載初元年（689），此卷之鈔寫時日距李善之卒尚有九年，也就是說，此卷鈔寫時，李善尚健在。雖不能說它就是李善注的定本（李注有初注本、覆注本，說見李匡乂《資暇集》卷上），但它保存了李善注本原貌是毫無疑問的。

P2529《答客難》和《解嘲》，劉師培云：「乃李注本之第四十五卷也。每行字數由十七字至十四字，注均夾行，書法至工……『世』字『治』字『虎』字各缺末筆，此亦李注未經竄亂之本也，故文與各本多殊。」又云：「證以此卷，足證後世所傳李本，均與唐本乖違。」（《敦煌新出唐寫本提要》）此本字跡工整，與《西京賦》不是同一鈔本。「治」字缺末筆，避高宗諱，此卷爲唐高宗朝或爾後所鈔甚明。由此可見，傳入敦煌的李善注《文選》寫卷當不止一部，其寫鈔和傳入時間亦當不同。下面，從三個方面進行探討。

（一）正文文字可正今本《文選》之訛

P2528《西京賦》「反宇業業」，各本「反」作「及」。薛綜注以「大屋扉邊皆更微使反上」釋「反宇」，則敦煌本作「反」不誤，各本作「及」訛。又「散似驚波，聚似京涛」，各本「涛」作「峙」。薛注云：「水中有土曰涛」。檢《爾雅・釋水》：「小陼曰沚。」《經典釋文》卷二九「沚」下注：「本或作涛，音同。」知「涛」即「沚」，涛爲小渚，與薛注「水中有土曰涛」同，則敦煌本作「涛」是，各本作「峙」誤。又「迺振天維，㧒地絡」，各本「㧒」作「衍」。檢《玉篇・手部》：「㧒，申布也。」與薛注合，各本作「衍」誤。又「迺使中黃育獲之儔」，各本「中黃」下有「之士」。《文心雕龍・指瑕》篇：「《西京》稱『中黃育獲之儔。』」是劉勰所見之本無「之士」，與敦煌本合，各本「之士」二字誤衍。又「膳夫騎馳」，各本「騎馳」作「馳騎」，薛注以「騎馬行視」釋「騎馳」，若作「馳騎」則與薛注不合，各本作「馳騎」誤。又「若驚鶴之群罷」，五臣本、明州本、叢刊本「罷」作「羆」。案作「羆」與正文扞格不入，敦煌本、尤刻本作「罷」是，各本誤。又「昭藐流眄」，尤刻本、明刻本、叢刊本「昭」作「眳」，五臣本作「昭」。檢《玉篇，目部》：「昭，目弄人也。」又「眳，情不悅貌」，作「昭」與正文原意合，各本作「眳」、「眳」誤。又「聲烈彌楙」，各本「聲」作「馨」。按文意作「聲」是，各本誤。

P2527《答客難》「得明信厥說」，各本無「明」。案有「明」爲勝，各本誤脫。《解嘲》「獨說數十餘萬言」，《漢書》無「數」字。胡氏《考異》云：「案《漢書》無『數』字，此不當有，袁、茶陵二本所載五臣向注有之，是其本誤衍，後又以之亂善。」今敦煌本有「數」，足見尤刻本有「數」非五臣亂善，此寫卷可止胡氏之妄。又「下談公王」，各本「王」作「卿」。又「不知跌將赤吾之族也」，各本「跌」上有「一」，衍。

（二）《西京賦》寫卷保存了薛綜注原貌

《西京賦》「消雰埃於中宸」句，薛注以「垢穢」釋「雰埃」。各本注文

「垢穢」作「埃穢」。「埃穢」與「垢穢」義近，而「垢穢」是中古習用成語，敦煌本作「垢穢」，保存了薛注原貌，各本作「埃穢」，誤。又「旗不脫扃，結駟方蘄」句薛注：「熊虎爲旗。」各本「熊」上有「《爾雅》曰」三字。案此句乃《周禮・春官》文，非《爾雅》文，各本誤衍「《爾雅》曰」三字，敦煌本無，是薛注原貌。又「櫟輻輕騖，容於一扉」句薛注：「馭車欲馬疾，以箠櫟於輻，使有聲也。」明州本、叢刊本將此注置於「善曰」之下，誤。又「似閬風之遐坂，橫西洫而絕金墉」句薛注：「言閣道似此山之長崖。」各本「崖」作「遠」，敦煌本注作「長崖」，與賦文之「遐坂」相應，各本作「長遠」，誤。又「爾乃商賈百族，裨販夫婦」句薛注：「裨坂，買賤賣貴，以自裨益者。」各本無「者」字，下有「裨，必彌切」四字。薛注無音切，敦煌本無，各本有，乃後人所加。又「隱隱展展」句薛注「隱隱展展，重車聲也。」尤刻本「也」下有「丁瑾切」三字，此三字亦爲後人所加。又「右極盩厔，并卷酆鄠」句敦煌本無薛注，各本有，作「盩厔山名，因名縣」七字。案考之地志，盩厔非山名，此注非，敦煌本無此七字注是，各本乃其後人妄加。又「泱莽無疆」句薛注「言其多無境限也。」各本「言」上有「泱莽，無限域之貌」七字。案敦煌本薛注以「多無境限」釋「泱莽無疆」，其意已足，各刻本此七字乃衍文，非薛注所有。又「沸卉軿訇」句薛注：「奮迅聲也。」明州本、叢刊本此四字在「濟曰」之下，胡氏《考異》因袁本、茶陵本善注無此四字而「濟曰」下有，便謂「無者是」。敦煌本薛注以「奮迅聲也」釋「沸卉軿訇」，其義甚明，尤刻本有此四字不誤，明州本、叢刊本誤刊入五臣注中，胡氏未見敦煌本，故有此說，敦煌本有此四字，保存了薛注原貌。又各本此句下有薛注「隼，小鷹也」四字，敦煌本無，敦煌本乃未經混亂之本。又「於是孟冬作陰，寒風肅煞」句薛注：「孟冬十月，陰氣始盛，萬物彫落也。」各本「孟」上有「寒氣急殺於萬物」七字，薛注句末「也」下有「善曰：《禮記》曰：『孟秋天氣始肅，仲秋殺氣浸盛』」十七字。案敦煌本薛注十三字，已將此句解釋清楚，各刻本「寒氣急殺於萬物」七字純屬畫蛇添足。各本此下之善注，亦不合李善注書體例，凡舊注有誤或有漏注者，李注便補正；凡舊注已完備者，李善便不再注。此句薛注已完備，善注不當有，當是後人所加。又「迒迹蹊塞」句薛注：「迹，菟道也。」各本無「菟」。檢《爾雅・釋獸》「兔，其迹迒。」「菟」與「兔」通。此條薛注，本之《爾雅》，各本無「兔」，誤。又「戴翠帽，倚金較」句薛注「黃金以飾較也」下，各本有「《古今注》曰：

『車耳重較，文官青，武官赤。』或曰：車蕃上重起如牛角也」二十五字。敦煌本薛注以「黃金以飾較」釋「金較」，其義甚明，各本注引《古今注》純屬多餘，乃後人所加甚明。又「棲鳴鳶，曳雲梢」句薛注：「《禮記》曰：『前有塵埃，則載鳴鳶。』」此下，各本有「棲，謂畫其形於旗上」八字，檢《考工記·梓人》「張皮侯而棲鵠」句賈公彥疏：「綴於中央，似鳥之棲。」又《毛詩·小雅·賓之初筵》「大侯既抗，弓矢斯張」句鄭箋引《梓人》此文，又引《釋文》云：「棲，著也。」「著」與「綴」意同，非謂畫於其上，此八字非薛注甚明，敦煌本薛注無之，是。又「不徼自遇」句薛注「往自得之」下，各本有「趣，向也；邀，遮也」六字。各本文注「趣」字并作「趨」，此作「趣」，顯係後人所加，敦煌本無，是薛注原貌。又「獵昆駼」句薛注：「昆駼如馬，枝蹄，善登高。」各本「枝」作「跂」。檢《爾雅·釋畜》；「騉駼枝蹄趼，善陞甗。」敦煌本注作「枝」，與《爾雅》合，各本作「跂」，誤。又「攫獑猢」句薛注：「攫，謂握取之。」各本「攫」作「掘」。檢《說文·手部》：「攫……一曰握也。」敦煌本薛注與《說文》合，各本作「掘」誤。又「置互擺牲，頒賜獲鹵」句薛注：「擺，謂破磔懸之。」各本「磔」作「礫」。檢《說文·桀部》：「磔，辜也。」段注：「按凡言磔者，開也，張也，刳其胸腹而張之，令其乾枯不收。」敦煌本薛注「破磔懸之」，即謂「刳其胸腹張之」而懸掛。敦煌本作「磔」是，各本誤。又「察貳廉空」句薛注：「察、廉皆視也。」各本「也」下有「貳爲廉重也」五字。案薛注此下以「言宰人騎馬行視肴有兼重及減無者也」，用「兼重」釋「貳」，則「貳爲兼重也」五字重出，不當有，乃後人所加明也。又「皇恩溥，洪德施」句薛注：「皇，皇帝也；普，博。」尤刻本此六字薛注，置於「善曰」之下，明州本、叢刊本無此六字注。其原因是，尤刻本將此二句賦文與上文二句合爲一節，誤將此六字薛注置於善注之下，明州本、叢刊本合併六家注時刊落此六字，遂無之。敦煌本有此六字，保存了此條薛注，可正各本之誤。又「登豫章，簡矰紅」句薛注：「繳射矢長八寸，其絲名矰紅也。」各本無「紅也」二字。案此處以「豫章」與「矰紅」相對爲文，敦煌本薛注言「繒紅」乃繳射之絲名，其義甚明，各本無「繒紅」，反使文義轉晦。又「跳丸劍之徽霍，走索上而相逢」句薛注：「徽霍，躍丸劍之形也。」各本「躍」作「謂」。案「躍」者跳也，敦煌本薛注以「跳丸劒之形」釋「徽霍」，甚洽，各本作「謂」，誤。又「被毛羽之襳欐」句薛注：「毛羽之襳欐，衣毛形也。」各本作「衣毛羽之衣襳，衣毛形也。」敦煌本薛注以「衣毛形也」釋「毛羽之襳襹」，其義甚明，各本「襹」字訛「衣」，又與「襳」字誤倒，反使文意變晦。又「樹脩旃」句薛注：「旃，謂橦也。」各本「橦」作「旞」，案下文「上下翩翻」句薛注：「翩翻，戲橦形也」，各本並同，則敦煌本薛注以「橦」釋「旃」不誤，各本作「䲨」誤。又「百馬同轡，騁足並馳」句薛注：「於橦上作其形狀。」各本「橦上」作「橦子」，誤。又「促中堂之陿坐，羽䲨行而無筭」句薛注：「中堂，堂中央也。」尤刻本、叢刊本「堂」字不複。案此處「堂」字複文義方足，各本「堂」字不複，誤。又「爾乃逞志究欲，窮身極娛」句薛注：「逞，快也。」各本「快」作「娛」。敦煌本作「快」不誤，各本「娛」當涉下文「娛，樂也」而訛。又「鑒戒《唐詩》，他人是媮」句薛注：「《唐詩》曰：『子有衣裳，弗曳弗婁。宛其死矣，他人是媮』。言今日之不極意恣嬌，亦如此也。」各本《唐詩》下有「刺晉僖公不能及時以自娛樂」十二字。案敦煌本薛注引《毛詩・唐風・山有樞》篇四句詩及以下十三字解說以釋賦文此二句，其意已足，不需再引《詩序》，各本此十二字，乃後人所加無疑。

以上例證充分說明，敦煌本《文選・西京賦》寫卷，是未經竄亂的本子，它基本上保留了薛綜注的本來面貌，爲今天校理《文選》，整理《文選》舊注提供了一份珍貴的文本。

（三）兩寫卷保存了李善注舊貌

無論 P2528《西京賦》寫卷，還是 P2527《答客難》、《解嘲》寫卷，凡李善注皆標明「臣善曰」，應該說，「臣善曰」三字保留了李善表上《文選》的原貌，以後的刻本全部將「臣」字刊落。當然，此一例尚不足以說明問題，下文將分別舉例以證之。

《西京賦》「正睹瑤光與玉繩」句善注：「《春秋運斗樞》曰：『北斗七星，第七曰搖光。』」各本「搖」作「瑤」。檢馬國翰《玉函山房輯佚書》所輯《春秋運斗樞》，引《曲禮》正義、《檀弓》正義、《史記・天官書》索隱、《藝文類聚》卷一、《太平御覽》卷五，並作「搖光」，與敦煌本注引合。各本作「瑤光」，是改注文以合正文，誤。又「怵悼慄而慫兢」句善注：「《方言》曰：『慫，悚也。』」各本作「聳，慄也」。案「慫」與「聳」同，檢《方言》卷十三「聳，悚也」，與敦煌本注引合，各本作「慄」誤。又「門千戶萬」句善注「《蒼頡篇》曰：『閈，垣也。』胡旦切」下，各本有「《說文》曰：『詭，違也」，六字，敦煌本無。檢《說文・言部》曰：「詭，責也。」又《心部》曰：「恑，變也。」「詭，違也」非《說文》文，此非善注甚明，各本有，乃他注混入。又「顧臨太液，滄池漭沆」句善注：「《漢書》曰：『建章宮其北治太液池。』」尤刻本、明州本作「太液已見《西都賦》」。叢刊本復引《西都賦》「前唐中而後太液」句善注，「北治」作「北沼」。案敦煌本作「北治」，與《漢書・郊祀志》合，各本《西都賦》注引及叢刊本復引作「北沼」，並誤。又「海若游於玄渚，鯨魚失流而蹉跎」句善注引薛君《韓詩章句》云「水一溢一否爲渚」，各本無「一否」。檢陳喬樅《韓詩遺說考》卷一：「《韓詩》云：『水一溢一否』者，謂一溢而一涸，即今俗所謂水濱之洲，東坍而西漲者也。《毛傳》云：『渚，小洲也，水枝成渚。』亦謂江水之枝分者，溢而爲渚也。」各本無「一否」，非善注原貌。又「若歷世而長存，何遽營乎陵墓」句善注「若歷世不死而長存」，各本并作「若歷代而不死」。敦煌本此條注文，當是李善注初貌，各本並有刪削。又「廛里端直，甍宇齊平」句善注：「《周禮》曰：『以廛里任國中之地』」，各本無「里」。考之《周禮・地官・載師》，有「里」字，與敦煌本注引合，各本脱誤。又「程巧致功，期不陀陊」句善注：「《說文》曰：『陊，落也。』」各本「陊」作「阤」。檢《說文・𨸏部》：「陊，落也」。與敦煌本注引合，各本作「阤」誤。又「非石非董，疇能宅此」句善注：「《漢書》曰：『事無大小，因顯自決。』」各本「自」作「口」，而《漢書・石顯傳》作「白」。案敦煌本作「自決」爲勝，《漢書》「白」字當是「自」之訛，各本作「口」，誤。又「旗亭五重，俯察百隧」句善注：「隧，列肆道也。」尤刻本、明州本作「隧已見《西都賦》」。叢刊本復引《西都賦》「貨別隧分」句下善注：「薛綜《西京賦》注曰：『隧，列肆道也。』」案此當是後世刻書者以「重見者云見某篇亦從省也」之例將此條薛注刪削，反不如敦煌本簡明直接，敦煌本保存了善注原貌。又「周制大胥，今也惟尉」句下善注：「《漢書》曰：『京兆尹，長安四市皆屬焉，與左馮翊、右扶風爲三輔，更置三輔都尉。』」尤刻本、明州本、叢刊本無「更置三輔都尉」六字，作「然市有長丞而無尉，蓋通呼長丞爲尉耳」十六字。敦煌本此條善注，乃刪節《漢書・百官公卿表》文，以「三輔都尉」釋「今也惟尉」，其義甚明，各刻本無「更置三輔都尉」而增十六字，反與正文不相應，其爲後人誤增甚明，敦煌本未經竄亂，保留了善注原貌。又「鬻良雜苦，蚩眩邊鄙」句善注引鄭司農《周禮》注曰：「苦讀爲盬也。」各本「鄭司農」作「鄭玄」。檢《周禮・天官・典婦功》，此乃鄭玄引鄭司農眾說，敦煌本作「鄭司農注」不誤，各本誤。又「陽石汙而公孫誅」句善注引《漢書》(《公孫賀傳》) 云云，各本此下有「陽石，北海縣名也」。考之地志，陽石不屬北海，敦煌本注引與《漢書》合，各本誤增七字殆銑注混入，此又敦煌本注未經竄亂之明證。又「五都貨殖，既遷既引」句善注：「王莽於五都立均官，更名雒陽、邯鄲、淄、宛、成都，市長皆為五均司市師也。」尤刻本、明州本「成都」訛「城都」，叢刊本訛「城郭」，「市長」下各本衍「安」；「五均」下叢刊本脫「司市師也」四字，各本衍「遷，謂徙之於彼；引，謂納之於此」十四字。案敦煌本此注，乃刪節《漢書・食貨志》文而成，唯「淄」上脫「臨」。各本有脫有衍有誤，非善注原貌。又「方轅接軫」句注引揚雄《蜀都賦》「方轅齊轂，隱軫幽輵」，各本「隱軫幽輵」作「隱隱軫軫」。檢《古文苑》卷四揚雄《蜀都賦》，此二句與敦煌本注引合，各本誤。又「木則樅栝椶枏，梓棫楩楓」句善注引《爾雅》「梅、枏」下，各本有「郭璞曰：『枏木似水楊』。又曰：『棫，白桵』」十三字。檢《爾雅・釋木》，郭注無此文，而「棫，白桵」是《爾雅・釋木》正文非郭璞注。薛注前已釋「棫」，善注不須重出，敦煌本無此十三字，是未經竄亂之本。又「蔚若鄧林」句善注引《山海經》「……渴，飲河渭，河渭不足……」，與《山海經・海外北經》合，各本「河渭」二字不複，誤。又「戎葵懷羊」句善注引《爾雅》：「肎，菺葵」，與《爾雅・釋草》合，各本「肎」作「菺」，誤。又「篠簜敷衍，編町成篁」句善注引《尚書》云：「篠簜既旉」。各本「篠」上有「瑤琨」二字。檢《尚書・禹貢》，與敦煌本注引合，各本「瑤琨」二字誤衍。又「日月於是乎出入，象扶桑與濛汜」句善注引《楚辭》云：「出自湯谷，次于濛汜。」各本「于」作「入」，尤刻本「汜」下有「汜音似」。檢《楚辭・天問》，作「于」，與敦煌本注引合，尤刻本「汜音似」三字誤衍。又「詭類殊種」句善注引郭璞《山海經》注云：「鼉似蜥蜴。」各本「《山海經》」下無「注」字。此乃郭注，「注」字當有，各本誤脫。又引《爾雅》曰：「鱧，鮦也，音重」(「鮦也」二字為郭璞注，非《爾雅》文，「音重」二字亦非《爾雅》文，當是李善注音)。各本「音重」作「音童」。檢《博雅音》卷十「鮦」下注音「重」，與敦煌本合，各本作「音童」，與敦煌本異，「童」與「重」音同，故敦煌本與各本並不誤，而敦煌本則保存了善注原貌。又善注云：「毛萇《詩》傳曰：『鮪似鮥。』鮪，乎軌反。鮎，奴謙反。」各本「鮪似鮥」作「鮪似鮎」。檢《詩・衛風・碩人》篇毛傳：「鮪，鮥也。」正文無「鮎」，何以忽出此「鮎，奴謙反」之音？正文云：「鮪鯢鱨魦。」敦煌本注前釋「鮪」，下釋「鱨」，中間應當有釋「鯢」之注。檢《爾雅・釋魚》，注文有「鯢魚似鮎」之文，似爲善注所引，但傳鈔時因「鮥」、「鮎」形近而訛，遂使上下文有混有脫，此條注文或當爲：「毛萇《詩》傳曰：『鮪，鮥也，』於軌反。《爾雅》注曰：『鮪似鮎。』鮎，奴謙反。」胡氏《考異》明知此注有脫誤，但未見此寫卷之「鮥」字，故其考定未洽，此寫卷雖有脫誤，然保留一「鮥」字，使今人據此可窺此注之原貌並恢復之，此「鮥」字可謂一字千金。又「麀鹿麌麌」句善注「《毛詩》曰『麀鹿麌麌』，尤刻本作「麀鹿攸伏」，明州本、叢刊本作「麀鹿攸服」，檢今本《毛詩》，「麀鹿攸伏」乃《大雅・靈臺》詩句，而「麀鹿麌麌」乃《小雅・吉日》篇詩句。金甡、朱珔、胡紹煐皆譏李善注引《靈臺》，何不逕引《吉日》成句，不知此唐寫本正作「麌麌」，後來因傳鈔翻刻而訛作「攸伏」。又「戴翠帽、倚金較」句善注引《說文》云：「較，輢上曲銅也。」各本「銅」作「鈎」，今本段注《說文》亦作「鈎」。案敦煌本作「銅」，與大小徐本《說文》同，諸家注《說文》者據《文選・西京賦》誤本及卷三四《七啓》「俯倚金較」句善注「《說文》：『較，車上曲鈎』」，便改「銅」爲「鈎」。今敦煌本作「銅」，與大小徐本《說文》同，可正今本《文選》之誤，亦可正今本《說文》之誤。又「建玄戈（當作『弋』，敦煌本誤），樹招搖」句善注引鄭玄《禮記》注云：「畫招搖星於其上，以起居堅勁軍之威怒，象天帝也。」各本「起居」作「起軍」。檢《禮記・曲禮》鄭注，作「起居」，孔疏云：「故軍旅士卒，起居舉動，堅勁奮勇，如天帝之威怒也。」敦煌本作「起居」與《禮記》合，各本誤。又「弧旌枉矢，虹旃蜺旄」句善注引《周禮》云：「弧旌枉矢以象弧。」各本「以象弧」作「以象牙飾」。檢《周禮・考工記・輈人》，作「弧旌枉矢以象弧」，與敦煌本注引合，各本誤。又此句下善注引《高唐賦》曰：「蜺爲旌。」各本作「《上林賦》曰：『拖蜺旌也。』」檢尤刻本《上林賦》「拖蜺旌」句善注：「《高唐賦》曰：『蜺爲旌。』」據此，知敦煌本注引《高唐賦》不誤，各本注引《上林賦》誤，敦煌本爲未經竄亂之本。又「小說九百，本自《虞初》」善注引《漢書》曰：「《虞初周說》九百四十三篇。」尤刻本「篇」下有「初，河南人也，武帝時以方士侍郎乘馬，衣黃衣，號黃衣使者。」明州本、叢刊本「篇」下有「虞初者洛陽人，明此醫術，武帝時乘馬，衣黃衣，號黃車使者。《周說》九百四十三篇」。案敦煌本善注引《漢書・藝文志》止取虞初一句，各本或連注文，或雜他說，皆概括於「《漢書》曰」之下。敦煌本乃善注眞貌，後人欲據誤本《文選注》以補《漢書》（詳王先謙《漢書補注》引錢大昕說），敦煌本即可杜此妄說。又「從容之求，宜俟寔儲」句下，各本有「善曰：《尚書》曰：『從容以和。』《爾雅》曰，『俟，待也。』《說文》曰：『儲，具也」，二十一字。檢今本《說文》，其所引《說文》無一字與《說文》合，此非善注甚明，敦煌本無，保存了善注本來面目。又「奮鬣被般」句善注「長毛曰鬣」，尤刻本、明州本、叢刊本「長毛」訛「毛萇」。又「魑魅魍魎，莫能逢旃」句善注引《左傳》云：「魑魅魍魎，莫能逢之。」各本「之」作「旃」。檢《左傳》宣公三年，作「之」，與敦煌本合，各本作「旃」，是改注文以就正文。又善注云：「杜預曰：『魑，山神，獸刑。』」各本「魑」前有「《說文》曰」三字。檢今本《說文》，無「魑，山神」三字，則各本「《說文》曰」三字乃他注混入可知。又「緹衣韎韐，睢盱跋扈」句善注：「《毛詩》曰：『韎韐有奭』，毛萇曰：『韎者茅蒐染也。』」今本《毛詩・小雅・瞻彼洛矣》篇毛傳「韎」下有「韐」，「染」下有「草」，敦煌本注引毛傳此六字，可證今本毛傳之失，並可止王氏《經義述聞》紛如之談（見《經義述聞》卷六「韎者茅蒐染韋也」條王氏之說）。又「吳岳爲之陁堵」句善注引《漢書》曰：「自華西名山七，有岳山、吳山。」各本「有岳山、吳山」作「一曰吳山，郭璞云：吳岳別名。」案敦煌本此注，是刪節《漢書・郊祀志》文，《郊祀志》云自華以西有名山七，華山、薄山、岳山、岐山、吳山、鴻冢、瀆山。敦煌本注以「有岳山吳山」釋正文「岳吳」，各本但釋吳山不釋岳山，甚至以岳吳爲吳山別名之說以相混，乃淺人所改，敦煌本未經混亂，是李善注舊貌。又「百禽悛遽，騤瞿奔觸」句善注，各本有「《白虎通》曰：『禽，鳥獸之總名，爲人禽制』」十四字，敦煌本無。案李善順文作注，「禽」字之釋當在「悛遽」之前，今反居其後，當是後人混入。又「鋋不苟躍」句善注引《說文》云：「鋋，小矛也。」各本「矛」作「戈」。檢今本《說文・金部》，此字作「矛」，又檢《方言》卷九「矛……或謂之鋋」，與敦煌本注引《說文》合，各本作「戈」，誤。又「比諸東郭，莫之能獲」句善注引《戰國策》云：「夫盧，天下之駿狗也；東郭逡，海內之狡兔也。」各本此下有「環山三，騰岡五，韓盧不能及之」十二字。檢今本《戰國策・齊策三》，作「韓子盧逐東郭逡，環山者三，騰岡者五，兔極於前，犬廢於後。」注：「韓盧不能及之。」各本文注並引，而置於《戰國策》曰之下，甚違原意，敦煌本無此十二字，未經混亂。又「韓盧噬於緤末」句善注「緤音薛」下，尤刻本有：「《禮記》曰『大則執緤』，鄭玄注曰：『緤、紖、靮，皆所以繫制之者。守犬、田犬問名，畜養者當呼之名，謂若韓盧、宋鵲之屬』」四十二字。胡氏《考異》云：「袁本茶陵本無此四十二字。」今敦煌本、明州本、叢刊本並無此四十二字。高步瀛云：「無者蓋是李注，音在注末，『緤音薛』三字下似不宜再注也。此蓋是後人附益。」高說是，尤刻本誤。又「莫之敢伉」句善注，各本有「鄭玄《毛詩》箋曰：『慴，恐懼也』」十字。檢今本《毛詩》鄭箋，無此注，敦煌本無此十字，是李善注原貌。又「慕賈氏之如皋，樂北風之同車」句善注引《左傳》曰：「昔賈大夫惡……」各本無「昔」。檢《左傳》昭公二十八年，有「昔」，與敦煌本注引合，各本脫「昔」，誤。又「般於游畋，其樂只且」句善注引《尚書》云：「文王弗敢般於遊田」。各本無「文王」。此乃《尚書・無逸》篇成句，《尚書》有「文王」，與敦煌本合。又「蒲且發，弋高鴻」句善注引《列子》云：「蒲且子之弋，弱弓纖繳，乘風而振之，連雙鶬於青雲。」各本「弓」作「矢」，「乘」前有「射」。檢《列子・湯問》篇，與敦煌本注引合，各本誤。又「磻不特絓，往必加雙」句善注：「《說文》曰：『磻以石繳也。』」各本「以」作「似」。檢《說文・石部》，作「以」，與敦煌本注引合，各本誤。又「擭胎拾卵，蚳蝝盡取」句善注引韋昭《國語》注云：「未孚曰卵。」尤刻本作「未乳曰卵」，明州本、叢刊本作「去乳曰卵」。檢《國語・魯語上》韋昭注，與敦煌本注引合，各本誤。又「烏獲舡鼎」句，各本「舡」作「扛」，善注引《說文》作「扛」，注云：「扛與舡同」。據此，知李善本原作「舡」，各本依注文改正文，誤。又「都盧尋撞」句善注引《史記》云：「秦武王有力，力士烏獲孟說皆至大官……」各本「力」字不複，無「至」。檢《史記・秦本紀》，與敦煌本注引合，各本誤。又引《說文》曰：「扛，橫關對舉也。」各本「關」作「開」。檢《說文・手部》，與敦煌本注引合。又「百馬同轡，騁足並馳」句善注引陸賈《新語》曰：「楚平王增駕百馬而行。」尤刻本、明州本、叢刊本作「楚平王增駕百馬同行也」。檢《新語・無爲》篇，作「增駕百馬而行」，與敦煌本注引合，各本誤。又「般樂極，悵懷萃」句善注引《孟子》云：「般樂飲酒，驅騁田獵。」各本「般樂」作「盤游」，「驅」作「馳」。檢《孟子・盡心下》，與敦煌本注引合，各本誤。又「微行要屈」句善注引《漢書》云：「武帝微行始出。」各本「始」作「所」。檢《漢書・東方朔傳》，作「始」，與敦煌本注引合。又善注引「張晏曰」云云，「故曰微行也」，各本「行」下有「要屈至尊，同乎卑賤」八字。今本《漢書》注無此八字，與敦煌本合，足見敦煌本乃未經混亂之本。又「周觀郊遂」句善注引《字林》曰：「閭，里門也；閻，里中門也。」各本無「《字林》曰」三字，故任大椿《字林考異》卷七「閭閻」條所引，只《後漢書・班固傳》注及《西都賦》注而不及此注，因其所見之《文選》脫此三字也。此注，不僅可補今本《文選》之脫誤，且爲輯佚家增添一徵引出處。又「若神龍之變化，章后皇之爲貴」句善注引《管子》云：「龍被五色，欲小則如蠶燭，欲大函天地。」各本「蠋」作「蝎」。檢《管子・水地》篇，作「蠋」，與敦煌本合，各本作「蝎」誤。又「捐衰色，從嬿婉」句善注引《韓詩》曰：「嬿婉之求」，又引「薛臣善曰：『嬿婉，好貌也。』」各本無「薛臣善曰」四字。案此四字當是「薛君曰」或「薛君章句曰」之誤，高步瀛云：「治《韓詩》者不見此本，故不敢輯入韓君章句中，然則此本雖誤，有益於古書亦大矣。」又「鬯於虞氏」句善注云：「鬯，條暢也，勑亮反」下，各本有「蠱，媚也」三字。案此條善注，前已釋「蠱」，此處不當重出，敦煌本無，未經竄亂。又「展季桑門，誰能不管」句善注引《國語》曰：「臧文仲聞柳下季之言。」各本「季」作「惠」。檢《國語・魯語上》，作「季」，與敦煌本注引合，各本誤。又注引《家語》曰：「昔有婦人曰柳下惠嫗，不逸門之女，國人不稱其亂焉。」尤刻本作「《家語》曰：昔有婦人召魯男子不往，婦人曰：『子何不若柳下惠？然嫗不逮門之女也，國人不稱其亂焉。』」明州本、叢刊本作「《家語》曰：昔有婦人召柳下惠，不往，曰：『嫗不逮門之女也，國人不稱其亂焉。』」案《家語》乃後人所託，此條注引所記本於《毛詩・小雅・巷伯》毛傳及《荀子・大略》篇，敦煌本節引二十一字，意義自明，各本增加字數，且多一「召」字，有違原意。敦煌本未經混亂，甚可貴。又「列爵十四，競媚取榮」句善注引《漢書》云：「漢興，因秦之稱號，帝正適稱皇后，妾皆稱夫人，稱號凡十四等云。」尤刻本、明州本作「列爵十四，見《西都賦》也」。叢刊本復引《西都賦》「十有四位」句善注，先引《漢書・天文志》九字，次引《外戚傳》，於「號十四等云」下並錄十四等之稱號、爵位凡一百餘字，有遺漏也有誤併。敦煌本所引至「稱號凡十四等云」便止，未經淺人混亂，甚可貴。又「增昭儀於婕妤，賢既公而又侯」句善注引《漢書》曰：「孝元帝傅婕妤有寵，乃更號曰昭儀，在倢伃上，昭儀，尊之也。」各本作「孝元帝傅婕妤有寵，乃更號曰婕妤，在昭儀上。」檢《漢書・外戚傳》，與敦煌本注引同，各本誤。又「無爲而治」句善注引《漢書》曰：「今漢繼體承業三百餘年。」各本「業」作「基」。檢《漢書・平當傳》，作「業」，與敦煌本合，各本作「基」，是改注文以就正文，誤。又「帥人以苦」句善注：「《尚書》曰：盤庚遷於殷，人弗適有居，率喻眾戚，出矢言。」各本無「《尚書》曰」三字。案此乃《尚書・盤庚》篇文，各本無「《尚書》曰」三字，誤。又「方今聖上，同天號於帝皇」句善注引《尚書刑德放》前有「方今，猶正今也」六字。案此六字與善注體例不合，當是他注混入，敦煌本無，未經混亂。又各本注引《尚書刑德放》，删去「皇者煌煌也」，注引《春秋元命苞》，删去「道爛顯明也」，敦煌本並有，未經混亂。又「徒恨不能以靡麗爲國華」句善注引《國語》曰：「吾聞以德榮爲國華。」各本無「榮」。檢《國語・魯語上》，與敦煌本注引合，各本無「榮」，誤。

P2527《答客難》「時異事異」句敦煌本無注，而尤刻本、叢刊本有善注「《韓子》曰：『文王行仁義而王天下，偃王行仁義而喪其國』，故曰時異則事異」二十八字，而明州本此句善注在「聲聞於外」句下。敦煌本與今本異。又「聲聞於外」句善注：「《毛詩・小雅》文也，毛萇曰：『有諸中必刑見於外。』」又「聲聞於天」句善注：「《毛詩・小雅》文也。又毛萇曰：『臯，澤也。』」而尤刻本、明州本、叢刊本將此兩節注文併爲一節，「《毛詩・小雅》文也」句僅一見。案各本並誤。「聲聞於外」句注「《毛詩・小雅》文」指《小雅・白華》篇文，而「聲聞於天」句注「《毛詩・小雅》文」指《小雅・鶴鳴》篇文。敦煌本分兩節注，不誤；各本合爲一節而「《毛詩・小雅》文」僅一見，誤，此乃敦煌本之可貴處。又「所以塞聰」句善注：「黈纊，以黃綿爲丸，懸之於冕，以當兩耳，所以塞聰也。劉兆《穀梁傳》注曰：『黈，黃色也，土斗反。』」尤刻本、明州本、叢刊本作「薛綜《東京賦》注曰：『黈纊，以黃綿爲丸，懸冠兩邊當耳，不欲聞不急之言也。』」檢各本《東京賦》，薛注云：「黈纊，言以黃綿大如丸，懸冠兩邊當耳，不欲妄聞不急之言也。」敦煌本注與今本異。又「忠合子胥」句善注引《史記》曰：「句踐之棲會稽，范蠡令卑辭厚禮以遺之。」各本「之」作「吳」。檢《史記・句踐世家》，作「之」，與敦煌本注引合，各本作「吳」誤。又注「子胥已見上」，各本無此五字。案《文選》卷四四陳琳《檄吳將校部曲文》「用申胥之訓兵」句善注：「樂毅《遺燕王書》曰：『昔伍子胥說聽於闔閭，而吳王遠跡至郢。』韋昭《國語》注曰：『申胥，楚大夫伍奢之子子胥也，名員，員奔吳，吳與地，故曰申胥。』」敦煌本作「子胥已見上」，即謂見此條注，乃從省之例，各本無，誤，敦煌本保存了李善注原貌。又「秦之任李斯，酈食其之下齊」句善注：「李斯已見上。」各本作「又曰：『秦卒用李斯計謀，兢并天下，以斯爲丞相。』」案敦煌本作「已見上」，指《文選》卷三九李斯《上秦始皇書》注引《史記・李斯列傳》，乃從省之例，各本復引，是經後人混亂者也。又注引《漢書》曰：「酈食其謂上曰：『臣請說齊王，使爲漢而稱東蕃。』上曰：『善。』乃說齊，齊王田廣以爲然，乃聽食其，罷歷下守戰備。」各本「臣」下無「請」，「乃」下無「聽食其」，「戰」下有「之」。案敦煌本此注乃節引《漢書・酈食其傳》文，但有刪節，並無竄亂，各本經淺人混亂，遂致於此。又此節善注，各本置於下文「子又何怪之邪」句下，與敦煌本異。又「發其音聲哉」句下引《漢書音義》舊文：「服虔曰：『筦音管。』張晏曰：『蠡，瓠瓢也。』文穎曰：『筳音稾筳。』」尤刻本除「筳音庭」外，餘同敦煌本，而明州本、叢刊本只有「張晏曰：『蠡，瓠瓢也』」七字。考之《漢書・東方朔傳》，除「筳音稾筳」之「音」《漢書》作「謂」外，皆與敦煌本注引合。敦煌本「謂」訛「音」，各本並有誤脫。又「臣善曰《莊子》」云云，案「臣善曰」上，敦煌本採用《漢書音義》舊文，此下是善注，此即《西京賦》「薛綜注」下善注「舊注是者，因而留之。並於篇首題其姓名。其有乖謬，臣乃具釋，並稱臣善以別之」之體例，尤刻本無「善曰」二字，遂將《漢書音義》舊文誤混入善注中。明州本、叢刊本刊落服虔說及文穎說，將「張晏曰」以次七字刊入「銑曰」之下，誤甚。敦煌本此注，保存了李善注原貌。又注引《說苑》：「建天下之鳴鐘，捶之以筳，豈能發其聲哉。」各本末句作「豈能發其音聲哉」。檢《說苑・善說》篇，無「音」，與敦煌本注引合。各本有「音」，是改注文以就正文。又「何功之有」句注「臣善曰：李巡《爾雅》注」云云，尤刻本無「善曰」二字，遂將此上「如淳曰」以次十二字《漢書音義》舊文與李善注誤混。敦煌本有「臣善曰」三字，保存了李善注之原貌。又注引「《風俗通》曰」云云，各本此下有「《說文》曰：『靡，爛也。』亡皮切。靡與糜古字通也」十六字。案「糜爛其民」見《孟子》，「煮米使糜爛」見《釋名》，而《說文・米部》「糜，糝糜也」，《非部》「靡，披靡也」，皆與善注所引不合，《火部》引作「㸏，爛也。」桂馥《說文義證》卷三一云：「《客難》借靡字，李引㸏義以釋之。」王筠、沈濤等皆信此是善注而曲爲之說，敦煌本無此注，各刻本所有者又與《說文》不合，其爲後人混入無疑。此又說明，敦煌本乃未經混亂之本。

《解嘲》「人綱人紀，不生則已」句注引《孔叢子》上，各本有「《尚書》曰：『先王肇修人紀，』孔安國曰：『修爲人綱紀也』」十九字，敦煌本無，與眾本異。又「歷金門上玉堂有日矣」句注引晉灼說：「《黃圖》有大玉堂、小玉堂殿。」各本無「殿」。檢《漢書·揚雄傳》注，引晉灼說有「殿」，與敦煌本合，各本誤脫。又「孅者入無間」，各本此句下有善注：「《春秋命歷序》曰：『元氣正則天地八卦孳』。無間，言至微也。《淮南子》曰：『出入無間。』」敦煌本無。又「何爲官之拓落也」句，各本有善注「拓落，猶遼落，不諧偶也」九字，敦煌本無。又「不知跌將赤吾之族也」句注引「《廣雅》曰」云云，尤刻本、叢刊本此下有「赤，謂誅滅也」五字，敦煌本無，當是後人混入。又「四分五剖，並爲戰國」句注引晉灼說有「四分則交午而裂如田字也」十一字，各刻本無，誤。又「失士者貧」句下各本有善注「《春秋保乾圖》曰：得士則安，失士則危」十四字，敦煌本無。又「故士或自盛以橐，或鑿坏以遁」句注引服虔說，次「臣善曰」云云，尤刻本、叢刊本無「善曰」二字，遂將上引《漢書音義》舊注與李善注誤混。敦煌本有「臣善曰」三字，保存了善注原貌。又「是故騶衍以頡頏而取世資」句各本有「應劭曰：『齊人，著書所言多大事，故齊人號談天鄒衍，仕齊至卿。』蘇林曰：『頡音提挈之挈。』頡頏，奇怪之辭也。鄒衍著書雖奇怪，尚取世以爲資，而己爲之師也。言資，以避下文也」六十六字，尤刻本此下有「頏，若浪切」四字。敦煌本無此七十字，當是後人混入。又「今大漢左東海，右渠搜」句應劭注引《禹貢》「在金城河關之西」，各本「關」作「間」。檢《尚書》，作「關」，與敦煌本注引合，各本作「間」誤。又「東南一隅」據注引如淳說：「《地理志》云：『在會稽回浦也。』」各本無「回浦也」三字。檢《漢書·地理志》，有「回浦」，與敦煌本合，各本無此三字，誤。又「徽以糾墨，制以鑕鈇」句注引應劭說：「音以繩徽弩之徽。」明州本、叢刊本「音」作「束」。檢王先謙《漢書補注》：「官本引蕭該《音義》曰：『徽，舊作微。應劭曰：微音以繩微弩之微。該案音揮。』」據此，知敦煌本此句注引應劭說與蕭該《漢書音義》合，亦與蕭該《文選音》合，六家注本「音」字作「束」，誤。又注文「應劭曰」云云下，有「臣善曰」三字，尤刻本「應劭曰」云云下無「善曰」二字，叢刊本有「善曰」二字卻置於前「服虔曰」之上，即是說，尤刻本，叢刊本並將《漢書音義》舊文與善注誤混，明州本雖未誤混，卻又將服虔說及應劭說置於五臣注「良曰」之下，更是誤甚。敦煌本有「臣善曰」三字，保留了李善注原貌，甚可貴。又「結以倚廬」句注「應劭曰」云云以次十六字，其下有「臣善曰」三字。尤刻本、叢刊本無，遂將《漢書音義》舊文與李善注誤混，明州本有「善曰」二字，卻又將「應劭曰」以次十六字誤置於「濟曰」之下。敦煌本有「臣善曰」三字，區分了《漢書音義》舊注及李善注，保存了李善注原貌。又「應劭曰」以次十六字下，各本有「結爲倚廬，以結其心」八字，敦煌本無，當是後人混入。又「咸營於八區」句各本有善注「《史記》:『蒯通曰：天下之士，雲合霧集，魚鱗雜遝。』遝，徒合切」二十一字，敦煌本無。又「皆擬於阿衡」句善注「鄭玄《儀禮》注曰」下有「纚，今之幘也」五字，各本無，誤。又注云:「阿衡，已見上。」各本作「《詩》曰:『實惟阿衡，左右商王。』毛萇曰:『阿衡，伊尹也。』」案敦煌本作「已見上」，指已見《文選》卷四十阮嗣宗《爲鄭沖勸晉王牋》「遂荷阿衡之號」句注引《毛詩》及毛傳，而各本復引，又乖從省之例。又「昔三仁去而殷虛，二老歸而周熾」句注「三仁已見上」，尤刻本作「三仁：微子，箕子，比干」。明州本、叢刊本無「三仁已見上」五字。案敦煌本作「已見上」，指《文選》卷四一陳琳《爲曹洪與魏文帝書》「是故三仁未去」句注引《論語》(《微子》篇):「微子去之，箕子爲之奴，比干諫而死。孔子曰：『殷有三仁焉』。」尤刻本既無「已見上」，又非復引，誤。明州本、叢刊本無「已見上」，亦誤。又注引《孟子》(《離婁》篇):「太公避紂，居東海之濱，聞文王作興，曰:『盍歸乎來，吾聞西伯善養老者。』」各本無此二十七字。五臣本注云:「翰曰：太公歸文王而周業盛，是爲一老，不聞其二老焉。李善引伯夷與太公爲二老，甚誤矣。且伯夷去絕周粟，死於首陽，奈何得去歸周也。揚雄言二老，亦用事之誤也。」案此說非，善注所引《孟子》，此下尚有「二老者，天下之大老也，而歸之。」又應劭注:「二老，伯夷、太公也。」《孟子》及應劭注並云伯夷、太公爲二老，而五臣注反誣子雲用事有誤，且譏善注「誤甚」，合併六家注時誤信此說，本擬刪掉「伯夷避紂」一段存「太公避紂」一段，卻誤刪彼而存此，各刻本從之，遂致誤，此乃五臣亂善之一例，敦煌本有此二十七字，保持了善注原貌。又「五羖入而秦喜，樂毅出而燕懼」句注:「五羖已見李斯《上書》。」各本作;「《史記》曰:『百里奚亡秦走宛，秦穆公聞百里奚，欲重贖之，恐楚不與，請以五羖皮贖之，楚人許與之。繆公與語國事，繆公大悅。』」蓋刪節《史記・秦本紀》載秦穆公得百里奚事而成此注，敦煌本「五羖已見李斯《上書》」乃從省之例，各本複引，非善注原貌。又注云：「《史記》曰：『樂毅伐齊，破之，燕昭王死，子立，爲燕惠王，乃使劫騎代將而召樂毅，樂毅畏誅，遂西降趙，惠王恐趙用樂毅以伐燕。』」尤刻本、叢刊本無「《史記》曰」（尤刻本作「又曰」），「劫騎」作「騎劫」，「召樂毅，樂毅畏誅」作「召毅，毅畏誅」，「降趙」作「奔趙」，「惠王恐」叢刊本作「惠大恐」。明州本無此條善注，只「銑曰」云云，蓋刪節此條善注而成。敦煌本此條善注，是刪節《史記·樂毅列傳》而成，除「騎劫」二字誤倒外，皆與《史記》原文合。尤刻本、叢刊本刪兩「樂」字，改「降」爲「奔」，均與原文不合。叢刊本無「《史記》曰」或「又曰」，遂將樂毅事與上引《史記·秦本紀》百里奚事相混，更是大繆。敦煌本此注，保存了善注原貌。又「世治則庸夫高枕而有餘」句注：「高枕已見上。」尤刻本、明州本、叢刊本作「《漢書》：『賈誼曰：陛下高枕，終無山東之憂。』《楚辭》曰；『堯舜皆有舉仕兮，故高枕而自適。』」敦煌本作「已見上」指已見《文選》卷三七曹子建《求自試表》「謀士未得高枕」句注引《漢書·賈誼傳》，各本復引，並增引《楚辭·九辯》句，有乖從省之例。

綜上所述，敦煌本《文選》的兩個李善注本寫卷，保存了《文選》正文、薛綜注、李善注原貌，版本價值極高，應當引起足夠的重視。

《文選·齊竟陵文宣王行狀》校讀札記

讀了《文獻》二〇〇一年第四期俞樟華、蓋翠杰的《〈竟陵文宣王行狀〉校正》一文，頗有感觸，平日讀書，亦間有所得，故提出以下幾點不同意見，以就正於大方。

其一，該文云：「在《昭明文選》六十卷七百餘首著作中，《齊竟陵文宣王行狀》是行狀文體唯一一篇代表作。」誠然，《文選》所分的三十八類文體中，「行狀」類的文章確實止此一篇，然而，《文選》卷四六「序」類所選的任昉的另一篇文《王文憲集序》，除篇末「昉嘗以筆劄見知，思以薄技效德，是用綴緝遺文，永貽世範，爲如干袟，如干卷。所撰《古今集記》、《今書七志》爲一家言，不列於集，集錄如左」等敘及作序之由外，此前洋洋灑灑數千餘言，概述其生平，無怪何焯稱其「直是一篇四六行狀」（《義門讀書記》卷四九「文選・雜文」)，此序文亦可作行狀看待。其二，該文云：「現在完整的《文選》刊本，有淳熙八年（一一八一）尤袤刊本、明汲古閣刊本等，它們都是根據清代胡克家重刻宋淳熙本翻刻的。」就是說，宋代尤袤的刊本和明代汲古閣刊本，反倒是根據清代胡克家的刊本而翻刻的。是說也，顛倒肴亂，事實上恰恰相反，胡刻《文選》才是根據一屢經遞修、已非本來面目的尤刻本翻雕的。其三，該文云：「今本李注是人們從『六臣本』中輯出的。」這種說法，是清人未見到北宋刊李善注《文選》，又因尤刻本中羼雜有五臣注而提出的一種臆測，如今此說已被否定，不宜再有此說。其四，其校勘有不盡如人意者，爲補其闕失，以海內外所藏幾種《文選》善本將該文校讀一過，底本用國家圖書館館藏、中華書局影印的南宋淳熙八年尤袤刊李善注本，用以比勘之本，有以下幾種：一、國家圖書館藏北宋天聖明道間刊李善注本（存二十三卷，十四冊，以下簡稱天聖本）；二、臺灣藏並影印的南宋紹興三十一年建刊五臣注本（三十卷，全帙，以下簡稱五臣本）；三、日本足利學校藏宋明州州學刊五臣李善注本（六十卷，全帙，以下簡稱明州本）；四、《四部叢刊初編》影南宋建刊李善五臣注本（以下簡稱叢刊本）；五、韓國奎章閣藏並爲彼邦影印的明宣德三年銅活字翻北宋元祐九年秀州州學刊五臣李善注本（六十卷，全帙，簡稱奎章閣本）。各本之有關校語，亦予採入，以資參考。對胡刻本的錯訛，亦予校正。現將校讀記逐錄於下。

1. 照隣幾庶

叢刊本同。五臣本作「庶幾」，明州本、奎章閣本同。案此句下李善注引傅季友《爲宋公修張良廟教》云：「張子房道壓黃中，照鄰殆庶。」而卷三六《爲宋公修張良廟教》此句下李善注引《周易（繫辭下傳）》：「顏氏之子，其殆庶幾乎。」則此處之「幾庶」，當作「庶幾」。

2. 公實體之

叢刊本同。五臣本「體」作「禮」，明州本、奎章閣本同。案「禮」「體」二字古通，《周易・繫辭上傳》：「以行其典禮。」《釋文》云：「姚本作『體』。」又《荀子・修身》：「學也者禮法也。」楊倞注：「『禮』或爲『體』。」

3. 至若曲臺之禮

叢刊本同。五臣本「若」作「乃」，明州本、奎章閣本同。

4. 罔不兼綜者與

天聖本、五臣本、明州本、六臣本、奎章閣本「與」並作「歟」。案《漢書・貢禹傳》:「意豈有所恨與。」師古注:「與讀曰歟」。又《王嘉傳》:「材難,不其然與。」師古注:「與讀曰歟。」是「與」「歟」字通。

5. 而任總西伐

五臣本無「伐」。按五臣本「伐」脫當補。

6. 遷左軍邵陵王主簿記室參軍

叢刊本無「遷左軍」三字,明州本,奎章閣本無「左」字。案檢《南齊書・武十七王(子良)傳》:「竟陵文宣王子良字雲英,世祖第二子也……仍爲邵陵王左軍行參軍轉主簿。」是作「遷左軍」爲是,明州本、六臣本、奎章閣本並有脫誤。

7. 又奏課連最

五臣本、明州本、六臣本、奎章閣本「又」下有「以」字。

8. 邪叟忘其西昃

叢刊本同。五臣本「昃」作「京」。明州本、奎章閣本「昃」作「景」。案李善注引潘安仁《楊經誄》云:「日昃景西,望子朝陰。」是作「西昃」、「西景」並可也,五臣本作「西京」,呂向注:「西京謂日夕也。」《史記・高祖功臣侯者年表》:「高京」,集解引徐廣曰:「一作景。」是「京」與「景」通也。此句下李善注:「范曄《後漢書》曰:劉寵拜會稽太守,徵爲將作大匠,山陰有五六老叟,自若邪山谷出送寵曰:『聞當見棄,故自扶奉送。」』案此乃用范曄《後漢書・劉寵傳》事,此條注語,明州本、叢刊本之善注中無之,奎章閣本有,作「華嶠《漢書》。」華嶠《後漢書》今已佚,而袁宏《後漢紀》、司馬彪《續漢書》均載此事,而詞各不同。審其勢,此注語當是李善節略范書而成,奎章閣本作華嶠書,恐誤。

9. 而茹戚肌膚

五臣本、明州本、叢刊本、奎章閣本「慼」作「戚」。案《詩・小雅・小明》:「心之憂矣,自詒伊戚。」毛傳:「戚,憂也。」《廣雅・釋詁一》:「慼,憂也。」是「戚」與「慼」通也。

10. 縗粗非隆殺之要

叢刊本同。明州本、奎章閣本「隆」作「降」。案「隆」「降」二字,古常混用，敦煌本《文選》殘卷中，P3778《陽給事誄》「狐續既隆」句，S5736《陽給事誄》作「狐續既降」。此句以作「隆」爲是。

11. 外施簡惠

叢刊本同。明州本、奎章閣本「施」作「馳」。案《論語·爲政》：「施於有政」，何晏集解引包咸注云：「施，行也。」《淮南子·原道》：「執元德於心而化馳若神」，高誘注：「馳，行也。」又《文選》卷一九《神女賦》：「五色并馳」，李善注：「馳，施也。」是「馳」、「施」可互訓，兩者並不誤也。

12. 武皇帝嗣位

五臣本作「武王嗣位」。明州本作「武皇嗣位」；奎章閣本同；叢刊本作「武帝嗣位」。

13. 進封竟陵郡王

五臣本「進」作「追」，「陵」下奪「郡」。

14. 食邑加千戶

天聖本、明州本、叢刊本、奎章閣本「加千」并作「如干」。五臣本正文作「加千」，注云：「濟曰：如干戶猶若干也，蓋食邑無定戶故也。」據注文可知五臣本原作「如干」，刊刻時改作「加千」也。按作「如干」是，尤刊本作「加千」誤。

15. 上穆三能

五臣本「能」作「台」，明州本、奎章閣本同。案此句下李善注引《漢書（天文志）》云：「三能色齊、君臣和。」又引蘇林注云：「能音台。」五臣本逕將「能」改作「台」，明州本、奎章閣本又從而傚之也。

16. 不雕其樸

五臣本、明州本、叢刊本「雕」并作「彫」。案《左傳》宣公二年：「晉靈公不君，厚斂以雕牆。」《釋文》：「本亦作彫。」是「雕」與「彫」古字通也。

17. 允師人範

叢刊本同；明州本、奎章閣本「師」作「歸」。案李善注引袁山松《後漢書（李膺傳）》云：「李膺風格儀刑，皆可師範。」審其文勢，以作「師」爲勝。

18. **萌俗繁滋**

叢刊本同。五臣本作「氓俗滋繁」，明州本、奎章閣本同。案《漢書・陳涉項羽傳贊》引賈誼《過秦論》曰：「甿隸之人」，如淳曰：「『甿』，古文『萌』字。」又《史記・秦始皇本紀》此句下集解引如淳注曰：「『甿』，古『氓』字」。是「萌」「氓」古通也。

19. **有詔策授太傅**

叢刊本同。五臣本「策」作「崇」，明州本、奎章閣本同。案《周禮・春官・內史》：「則策命之」，鄭玄引鄭司農說云：「策，謂以簡策書王命。」史傳中但見某人「策授」某官，未見作「崇授」者，五臣本、明州本、奎章閣本作「崇」恐誤。

20. **復以申威重道**

五臣本「申」訛「由」。

21. **並奏疏累上**

天聖本、五臣本、明州本、叢刊本、奎章閣本「奏」並作「表」。

22. **身殁讓存**

五臣本、叢刊本、奎章閣本「殁」作「沒」。案《廣雅・釋詁四》：「殁，終也。」《禮記・檀弓下》：「文子曰：『行並植於晉國，不沒其身，其知不稱也。』」鄭玄注：「没，終也。」是「殁」與「沒」通也。

23. **某年某月日薨**

叢刊本同。五臣本、明州本、奎章閣本作「某年月日薨」。

24. **詔給溫明秘器**

天聖本、五臣本、明州本、奎章閣本「秘」并作「祕」。案「秘」乃「祕」之俗體。

25. **道冠民宗**

叢刊本同。五臣本「道」作「首」，明州本、奎章閣本同。案「道」謂道德，審其文勢，以作「道冠民宗」爲勝。

26. **神監淵邈**

叢刊本同。五臣本「監」作「鑒」，明州本、奎章閣本同。案《周禮・天官・凌人》:「春始治鑒。」《釋文》:「本或作『監，，音同。」又《莊子・盜跖》:「不監於道。」《釋文》:「本亦作『鑒』。」是「監」「鑒」古通也。

27. 協升景業

五臣本「升」訛「外」。

28. 表裏融通

五臣本「裏」訛「衷」。

29. 公實貽耻

叢刊本同。五臣本「公實」作「實公」，明州本、奎章閣本同。

30. 而廉於殖財

五臣本、奎章閣本「殖」作「植」。案《廣雅・釋詁一》:「殖，積也。」疏證:「殖者，《晉語》:『同姓不婚，惡不殖也。』韋昭注云:『殖，蕃也。』《周語》云『財用蕃殖』，皆積之義也，與生財利謂之貨殖，義亦同也。」又《廣雅・釋詁三》:「植，多也。」疏證:「植，謂蕃植也，字通作『殖』。」是「植」與「殖」通。

31. 協應叟之志

叢刊本同。五臣本「志」作「性」，明州本、奎章閣本同。

32. 乃依林構宇

叢刊本同。五臣本「乃」作「仍」，明州本、奎章閣本同。案「仍」有「乃」義，《三國志・吳書・太史慈傳》裴注引虞溥《江表傳》云:「策拊掌大笑，仍有兼併之志矣。」又《世說新語・忿悁》:「雞子於地團轉未止，仍下地以屐齒蹍之。」

33. 獻書於衡嶽

天聖本、五臣本、明州本、叢刊本、奎章閣本并同。胡刻本「衡」作「衛」，誤。

34. 屈以好事之風

天聖本、五臣本、明州本、叢刊本、奎章閣本「事」並作「士」。案李善注引《戰國策（齊策四)》云:「王叔（當作升）曰:『叔（升）趨見王爲好勢，王趨見叔（升）爲好士，於王何如。』」。據注所引，知各本作「士」爲是，尤刻本、胡刻本作「事」誤。

35. 乃知大舂屈己於五王

五臣本、明州本、奎章閣本無「於」。

36. 君大降節於憲后

叢刊本同。五臣本無「於」，明州本、奎章閣本同。案此二句爲駢語，若下句有「於」則上句必須有，若下句無「於」則上句不必有。

37. 導衿禴於未萌

叢刊本同。五臣本「導」作「遵」，明州本、奎章閣本同。案《說文・寸部》:「導，導引也。」五臣本呂向注:「遵，法也。」審其文勢，作「導」爲是。

38. 愚竊惑焉

叢刊本同。五臣本「焉」作「哉」，明州本、奎章閣本同。

39. 所造箴銘

叢刊本同。五臣本「所」作「乃」，明州本、奎章閣本同。

40. 且令戒懼不怠

叢刊本同。五臣本「戒」作「誡」，明州本、奎章閣本同。按《左傳》宣公十二年:「禍至之無日，戒懼之不可以怠。」此句「戒懼不怠」乃襲用《左傳》成語，且「戒」有「警」義（詳《說文・収部》「戒」字條），「誡」乃「敕」義（詳《說文・言部》「誡」字條），其義有別，是尤刻本作「戒」是也。

41. 至誠懇惻

五臣本「至」訛「亡」

雜　考

《文選》分類之我見

讀了《書品》一九九九年第三期刊發的傅剛君的《關於〈文選〉分類》一文後，頗受啓發，平日讀書，亦間有所得，今談談我的兩點看法。

傅文一開始，便引了胡果泉《考異》卷八「移書讓太常博士」條下之校語：「陳云題前脫『移』字一行。」陳即清代學者陳景雲，其說並爲清代學者余蕭客《文選音義》、胡紹煐《文選箋證》所轉引，影響較大。傅文又引了黃季剛先生《文選平點》書中《移書讓太常博士》下之批語：「題前以意補『移』字一行。」於是認爲，「移」應單獨作爲一類列出，其理由，除上述各家之說外，主要的依據，是南宋紹興三十一年建陽刊陳八郎本五臣注《文選》，目錄中列有「移」類。

依愚所見，「移」類標目當有，正如陳景雲及黃季剛所云「當補『移』字一行」。

去年春，我校訂天津藝術博物館藏敦煌本《文選注》，該寫卷第一一一行至第一一二行間，有如下一段文字：

> 移書讓太常博士，移，易也，以我此情，移易彼情，曰移。此情向彼，亦同此本懷。即州縣移同，此縣向彼曰移，縣詣州曰諜上、解上等。（見上海古籍出版社影印本《天津市藝術博物館藏敦煌文獻》第二冊。引文係筆者校訂，詳拙文《天津藝術博物館藏敦煌本〈文選注〉箋證》〈下〉，載《文史》第五〇輯）

這段關於「移」的訓釋文字，當是「移」類標目的解題（該寫卷只有注語，不錄正文），亦當是「移」單獨列類的明證。

人們或許會認爲，這段文字是「移書讓太常博士」的「移」字的解詁，未必就是「移」類標目的解題。然而，無獨有偶，藏於日本舊熊本藩主細川氏永青文庫的敦煌本《文選注》，與天津市藝術博物館所藏《文選注》寫卷，當是同一寫卷的兩個片段（詳拙文《天津藝術博物館藏敦煌本〈文選注〉箋證》〈上〉，載《文史》第四九輯），該寫卷於昭和四十年由彼邦之便利堂影印出版，其第一行至第四行有云：

> 檄，皦也，明也，將欲出師，比之於雷，雷動則電出，故師先以檄，比電光出。言皎然以道理告諭之。六國時，(張儀) 遊於楚，到楚相處，相失璧而怨秦盜之。故儀，秦昭王時爲秦相，爲一尺二寸檄楚相，言其皦可明。檄自張儀始。(引文用岡村繁先生校訂本，載日本《久留米大學文學部紀要》國際文化學科編第三號第五九頁，一九九三年版。又見岡村繁《文選の研究》第一六七頁，岩波書店，一九九九年四月出版。參見拙譯《永青文庫藏敦煌本〈文選注〉箋訂》〈上〉，載《學術集林》卷十四第一三八頁至一四〇頁，上海遠東出版社，一九九八年十月版)

這段文字，爲「檄」類標目的解題，當是毋庸置疑的。此爲前文所引「移」類的說法，提供了有力的佐證。

傅文同時又提出，「難」當單獨列爲一類，其理由，一是《文選》編次每類以時代之先後爲序，司馬相如文不當列於鍾會文之後，二是陳八郎本目錄中有「難」類標目。這一點，本人不敢苟同。

永青文庫藏敦煌本《文選注》寫卷，在第一九六行至第二〇四行間，有這樣一段文字：

> 難蜀文（「難蜀文」當是「難蜀父老」之省稱，岡村繁改「文」作「父」，恐非)，司馬相如。武帝建元六年，南越王相攻，漢使太行王恢征之，未以相殺。平後，漢武帝使唐蒙使南越，(南越) 王餉蒟醬，蒙美之，問：『何處得此味？』南越王曰：『牂牁南有夜郎國，出之。』蒙歸，乃上書，請開夜郎，云：『越大富饒，今南方稱藩，不父國家，牂牁通船，今請開夜郎，並舉蜀兵船下，城可得之。』帝乃遣唐蒙往開，二三年，開輸辛苦，蜀人怨嗟，司馬（長）卿既

見蜀人如此，爲此文，上以諷天子，下喻曉蜀人不須□勞苦也。（引文用岡村繁校訂本，載《久留米大學文學部紀要》國際文化學科編第十一號第四〇頁，一九九七年版。又見《文選の研究》第二七三頁，岩波書店，一九九九年四月版。參見拙譯《永青文庫藏敦煌本〈文選注〉箋訂》〈下〉，載《學術集林》卷十五第二一六頁至二一九頁，上海遠東出版社，一九九九年一月版）

顯然，這是《難蜀父老》篇題的解題，旨在介紹文章寫作的時代背景，與尤刻本《文選》卷四四《難蜀父老一首》題下李善注引「《漢書》云云」的宗旨一致，非「難」類標目之解題。此敦煌寫卷，除以上一例外，別無關於「難」的解詁。可見，此敦煌本《文選注》之分類，有「移」、「檄」而無「難」。據岡村繁先生考訂，此《文選注》當撰於唐初，既非李善注，亦非五臣注，撰人未詳，乃唐人注《文選》之別一種（詳拙譯《永青文庫藏敦煌本〈文選注〉箋訂》〈上〉），則初唐時據以作此注之《文選》底本，分類標目當有「移」、「檄」而無「難」。

由此可以推測，蕭統《文選》原本，其分類當有「移」。至於「難」，按其目次的編排規律似當單獨列類，然而，「難」止司馬相如《難蜀父老》一篇，且無論敦煌本注篇名解題「爲此文，上以諷天子，下喻曉蜀人」，抑或李善注所云「乃著書假蜀父老爲辭，而己以語難之，以諷天子，因宣其使指，令百姓知天子意焉」，都與敦煌本注之「檄」類解題「言皎然以道理告諭之」的意思不相類，蕭選恐未將「難」單獨列類。今僅陳八郎本目錄中標有「難」類（是否書估所爲，不得而知），而敦煌本《文選注》寫卷及其他版本中未見其有，因之，《文選》的分類，當是三十八類。

《文選集注》傳存管見

周勳初先生纂輯的《唐鈔文選集注彙存》一書，即將由上海古籍出版社出版。據其《唐鈔〈文選集注〉導言》（載《魏晉南北朝文學論叢》，江蘇古籍出版社 1999 年 11 月版）云，是書除將《京都帝國大學文學部影印舊鈔本叢書》第三集至第九集影印的二十三卷《文選集注》全部收入外，還收入臺灣所藏之第九十八卷、天津藝術博物館所藏周叔弢捐獻《文選集注》第四十八卷和北京圖書館提供的京都帝國大學影印本第七十三卷原缺二頁的膠卷，纂輯時悉依《文選》原來序次重行編定，且擬篇名目錄，有利閱讀。這確實是我國文選學界的一大快事。

然而，依愚管見，傳存的《文選集注》，尚有溢出於周先生之《彙存》者。如古鈔本《文選》卷一，就載錄有有關《文選集注》的批語。

著錄於森立之《經籍訪古志》卷六、楊守敬《日本訪書志》卷十二的古鈔卷子無注《文選》卷一，原爲森立之插架之物，後爲楊守敬所得，今爲上野精一氏所藏，卷首有光緒辛巳楊守敬題記，有云：「卷中點校頗密，標記旁注及背記所引，有陸善經、善本、五臣本、《音決》、《鈔》、《集注》諸書及考按云云。」

今檢該寫卷，悉將其所載《文選集注》的校語、注釋迻錄如下：

《文選序》

「遂放湘南」句標記：「陸善經本湘爲江。」

「退傅有在鄒之作」句背記：「在鄒，《漢書》曰：『韋孟本彭，爲楚元王傅，及孫王口荒淫不遂，孟作詩諷，去位徙家於鄒。』陸。」案末署陸，謂此條乃陸善經注也。

「降將著河梁之篇」句背記：「降將謂李陵降匈奴，蘇武別梁上作，五言自此始也。陸曰：李陵步卒五千出居延，兵敗降匈奴。陵詩云：『攜手上河梁，游子暮何之。』」

「又少則三字」句背記：「三字，陸曰：任昉《文章始》云三字詠。」

「多則九言」句背記：「九君（言），陸云：魏高貴鄉公九言詩云：『嗟余薄德從役至他鄉，筋力疲頹無意人長極。』」

「飛文染翰則卷盈乎湘皓」句標記：「陸云：桑初生之色近黃。」案今本《文選》「皓」作「帙」。

《西都賦》

「西都賦一首」旁注：「陸作賓，決作賦。」案謂陸善經本「賦」作「賓」字，而《音決》作「賦」字也。

「建京城之万雉」句標記：「陸曰：《周禮》注云：『雉長三丈，高一丈也。』」

「公侯列女」句「女」字旁注：「肆，陸曰：肆或作女，五同。」案：五，謂五臣本也。「平原赤土，勇士奮厲」句標記：「土、奮，此二字陸有之，又鹿本有之。師說無奮字。五臣無此二字。」

《西京賦》

「秦里其朔，寔爲咸陽」句標記：「《鈔》曰：寔，實也。」

「五緯相叶，以㢡於東井」句「㢡」字旁注：「陳也。《鈔》：聚也。」

「於是量俓論」句標記：「輪，陸善經：輪，回旋也。今案《鈔》輪爲綸，五臣本爲綸也。」

「處甘泉爽塏」句旁注：「《音決》作隑。」

「直𣟴霓以高居」句「𣟴」字旁注：「魚結反，决。」案：决，《音決》也。

「上辮華以交紛」句「辮」字旁注：「《集注》。斑，一本。」案：此謂《集注》作「辮」，一本作「斑」也。

「蚩眩邊鄙」句「蚩」字旁注：「尺之反，侮也，陸。」

「郡國宮館百卌五」句「卌」字旁注：「有。在，一本；無，《集注》。」案此注謂「卌」下有「有」字，一本「有」作「在」，《集注》既無「有」也無「在」，與此古鈔本同。

「振天維，衍地絡」句標記：「𧗋，陸曰：臣君曰以善反，申布也。案此乃陸善經引李善音以釋𧗋，進而釋義：「申布也。」

「韓盧噬於紲末」句「紲」字旁注：「紲，陸。」

「垂鼻轔囷」句標記：「轔囷，《鈔》曰：長貌也。」

「增蟬蜎以此豸」句「此」字旁注：「跐，陸。五同。」

「衛后興於鬒髮」句「鬒」字旁注：「《鈔》曰：鬒黑美也。」

「忘蟋蟀之謂何」句旁注：「陸曰：唐詩也。」

以上是古鈔卷子本《文選》卷一上所載錄的《文選集注》的注釋和校語，雖片言隻語，彌足珍貴，爲今治選學者之重要參考資料。

以上之迻錄，有兩點意義。其一，證明了《文選集注》原來是以全書一百二十卷流傳於日本國，以後漸次亡佚的。其二，世間當尚有《文選集注》斷簡殘存，今後當繼續搜尋，以最大限度地恢復其本來面貌。

李善生平事跡考辨

李善，唐代文選學的集大成者，其《文選注》一書，博大精深，千載以還，沾溉士林，功在不朽。然而，對於李善其人的研究，今所能依據者，僅寥寥一百三十七字的《舊唐書·李善傳》而已（《新唐書·李邕傳》附李善事，與《舊唐書》略同）。就是這樣一篇短短的傳記，亦令人疑竇叢生，遂使對李善的研究工作止步不前。因此，弄清楚李善的生平、思想，已成爲當前選學研究不可或缺的課題。下面，擬就有關李善生平的幾個問題，談談一得之見。

一、關於李善的世系

《元和姓纂》卷六「六止」下載：

理：咎繇爲堯理官，子孫遂爲理氏。

殷有理徵。

《通志·氏族略》言之更詳：

李氏嬴姓，高陽氏生大業，大業生女華，女華生臯陶、字庭堅，爲堯大理，因官命族爲理氏。夏商之季，有理徵爲翼隸中吳伯，以直道不容，得罪於紂，其妻契和氏攜子利貞逃於伊侯之墟，食木子而得全，遂改理爲李。利貞十一代孫老君名耳、字伯陽，以其聃耳，故又號爲老聃。居苦縣賴鄉曲仁里。或言聃六世祖碩宗，周康王賜采邑於苦縣。聃曾孫曇生崇、璣，崇子孫居隴西，璣子孫居趙郡。

《新唐書·宰相世系表》載李氏世系云：

趙郡李氏：出自秦司徒曇次子璣，字伯衡，秦太傅。三子：雲、牧、齊。牧爲趙相，封武安君，始居趙郡。趙納頓弱之間，殺牧。齊爲中山相，亦家焉，即中山始祖也。牧三子：汨、弘、鮮。汨，秦中大夫，詹事，生諒、左車、仲車。左車，趙廣武君，生常伯、遐。遐字伯友，漢涿郡太守，生岳、德、文、班。岳字長卿，諫議大夫，生秉、義。秉字世範，穎川太守，因徙家焉。生翼、協、敏。敏，五大夫將軍，生謨、道、朗。謨字道謀，臨淮太守。生哆、華、旭。哆字子讓，上黨太守，生護、元。護字鴻默，酒泉太守，生武、昭、奮。武字昭先，東郡太守、太常卿，生贊、修、弈、就。

江夏李氏：漢酒泉太守護次子昭，昭少子就，後漢會稽大守、高陽侯，徙居江夏平春。六世孫式、字景則，東晉侍中。生嶷，嶷生尚、字茂仲。生矩，字茂約，江州刺史。生充，字弘度，中書侍郎。生顒，郡舉孝廉，七世孫元哲。

表文載：

元哲生善，蘭臺郎。善生邕，字泰和，北海太守。

檢《三國志‧魏書‧李通傳》，「李通字文達，江夏平春人也。」通子緒、基。裴注引王隱《晉書》云：「緒子秉，字玄胄……官至泰州刺史。」又云：「秉子重，字茂曾，少知名，歷位吏部郎、平陽太守……重二弟，尙字茂重，矩字茂約，永嘉中並典郡。矩至江州刺史。重子式字景則，官至侍中。」案裴注引王隱《晉書》所載，與《新唐書‧宰相世系表》不合，王書將尙、矩二人列為重之弟，輩份在式之上，而《新唐書》則作式生嶷，嶷生尙，尙生矩。因王隱《晉書》今已亡佚，無法判斷裴注所引之是非，今姑依《新唐書》，列尙為式之孫，矩為尙之子。

《世說新語‧賢媛》篇「李平陽、泰州子」條劉孝標注引《永嘉流人名》云：「(李)康字玄胄，江夏人，魏秦州刺史。」又《品藻》篇「謝公與時賢共賞說」條劉注引《晉諸公贊》云：「李重字茂曾，江夏鍾武人。少以清尙見稱。歷吏部郎、平陽太守。」又《棲逸》篇「李廞是茂曾第五子」條劉注引《文字志》云：「廞字宗子，江夏鍾武人。祖康，秦州刺史。父重，平陽太守……式字景則，廞長兄也……渡江，累遷臨海太守、侍中。」又《言語》篇「李弘度常歎不被遇」條劉注引《中興書》云：「李充字弘度，江夏鄍人也。祖康，父矩，皆有美名。」

裴注引王隱《晉書》之李秉，泰州刺史，《世說》劉注引諸書作「李康、秦州刺史」，《晉書‧李重傳》又作「李景，秦州刺史」。治《世說》者並據裴注引王隱《晉書》改「康」作「秉」，恐非。蓋李氏祖上後漢時有名秉字世範官穎川太守者，晉世距漢未遠，族譜家牒詳焉，故不得更有名秉者，當依《世說》注引作「康」。

《晉書‧李充傳》云：「李充字弘度，江夏人。父矩，江州刺史。」又云：「(充)子顒，亦有文義，多所述作，郡舉孝廉。充從兄式……中興初，仕至侍中。」此又以式為充之從兄，與《世說》注引《文字志》及《新唐書‧宰相世系表》並不合，今不採。此李充者，即《隋志》及兩《唐志》所著錄的《翰林論》的作者，李善之碩學，淵源有自焉。

據以上諸書，可列出李善的世系譜：

高陽氏——大業——女華——皋陶(為堯大理，因官命族為理氏)……理徵——利貞——□——□——□——□——碩宗——□——□——□——□

——□——李耳（字伯陽，號老聃）——□——□——曇——璣（字伯衡，秦太傅）——牧（趙相、封武安君，始居趙郡）——汨（秦大夫，詹事）——左車（趙廣武君）一一遐（字伯友，漢涿郡太守）——岳（字長卿，諫議大夫）——秉（字世範，穎川太守，因徙家穎川）——敏（五大夫將軍）——謨（字道謀、臨淮太守）——哆（字子讓，上黨太守）——護（字鴻默，酒泉太守）——昭——就（後漢會稽太守，高陽侯，徙居江夏平春）——□——通（魏振威中郎將）——緒——康（字玄冑，魏泰州刺史）——重（字茂曾，歷吏部郎、平陽太守）——式（字景則，東晉侍中）——嶷——尙——矩（字茂約，江州刺史）——充（字弘度、中書侍郎）——顒（字長林，舉孝廉，爲李郡太守）——□——□——□——□——□——□——元哲——善（蘭臺郎）——邕（字泰和、北海太守）

有兩點需說明：其一，《新唐書・宰相世系表》「趙郡李氏」下列「就」爲「武」之子，而「江夏李氏」下列「就」爲「昭」之子，未詳孰是：今姑依「江夏李氏」作「昭」之子。其二，《李邕墓誌銘》云：「（邕）本趙人也，烈祖恪，隨晉南遷，食邑於江，數百年矣」（拓本，河南千唐誌齋藏石）。史傳載隨晉南遷者乃式，恪者不見於史傳，今姑不取。

二、兼沛王侍讀與除潞王府記室參軍的先後問題

《舊唐書・李善傳》云：「明慶（本作顯慶，因避唐中宗諱改）中，累補太子內率府錄事參軍、崇賢館直學士，兼沛王侍讀。嘗注解《文選》，分爲六十卷，表上之，賜絹一百二十匹，詔藏乎秘閣。除潞王府記室參軍，轉秘書郎。」（《新唐書》本傳略同）

《大唐故雍王墓誌銘並序》（即李賢墓誌，1971 年於陝西乾縣乾陵附近出土，《文物》1972 年第 7 期刊拓本照片）云：「粵以永徽六年（655）封潞王……龍朔元年（661）改封沛王」，是李賢封潞王在先，徙沛王在後，可見《舊唐書・高宗紀》及《高宗諸子傳》所載並不誤。而新舊《唐書》善本傳載善爲沛王侍讀在前，除潞王府記室參軍在後，這就使後世疑惑不解。

高步瀛先生認爲：「賢於永徽六年封潞王，龍朔元年徙封沛王，見《舊書・高宗諸子傳》。而賢外不聞別有沛王、潞王。則新、舊《傳》言善先兼沛王侍讀，後除潞王府記室參軍，疑『沛』、『潞』二字互誤也」（見《文選李注義疏》之《唐李崇賢上文選注表》疏證）。

案閬仙先生此說恐非。細讀《舊唐書》善本傳，不難發現，「嘗注解《文

選》」至「轉秘書郎」一段文字，是用追敘法，即追述李善於顯慶三年表上《文選》後，除潞王府記室參軍（李賢顯慶之五年中並爲潞王），轉秘書郎。然後，累補太子內率府錄事參軍（李弘於顯慶元年立爲皇太子，見《舊唐書・高宗諸子傳》），崇賢館直學士。至龍朔元年李賢徙沛王，善又兼沛王侍讀，若作如是理解，則兼沛王侍讀與除潞王府記室參軍的先後問題就迎刃而解，同時，又可證新舊《唐書》善本傳所載並不誤。

三、乾封中出爲經城令之原因

《舊唐書・外戚（武承嗣）傳》云：「乾封年……乃以韓國夫人之子（賀蘭敏之）爲士彠嗣，改姓武氏，累拜左侍極、蘭臺太史，襲爵周國公。仍令鳩集學士李嗣眞、吳兢之徒，於蘭臺刊正經史並著撰傳記。」（《新唐書・外戚（武士彠）傳》略同）《舊唐書・方伎（李嗣眞）傳》云：「時左侍極賀蘭敏之受詔於東臺修撰，奏嗣眞弘文館參預其事，嗣眞與同時學士劉獻臣、徐昭俱稱少俊，館中號爲『三少』。」（《新唐書・李嗣眞傳》略同）《舊唐書・李邕傳》云：「父善，嘗受《文選》於同郡人曹憲。後爲左侍極賀蘭敏之所薦引，爲崇賢館學士，轉蘭臺郎。」案賀蘭敏之拜左侍極是乾封年的事（詳上），乾封共兩年（666-667），李善被薦引作崇賢館學士，當在此時。

然而，賀蘭敏之是一個恃寵驕淫的敗類，「嗣眞知其必敗，謂所親曰：『此非庇身之所也。』因咸亨年京中大饑，乃求出，補義烏令」（《舊唐書》嗣眞本傳）。李善「方雅清勁，有士君子之風」（《舊唐書》善本傳），絕不可能曲意阿附賀蘭敏之，因之，乾封中爲賀蘭敏之薦引除蘭臺郎不久，即「出爲經城令」（《舊唐書》善本傳），其離開的時間，比咸亨中方始離去的李嗣眞要早幾年。於此，可以看出李善的人品。

四、坐配流嶺外及遇赦得還的時間

李善是「坐與賀蘭敏之周密，配流姚州」（新、舊《唐書》善本傳）的。《舊唐書・高宗紀》云：「（咸亨二年）六月戊寅，左散騎常侍兼檢校秘書、太子賓客、周國公武敏之以罪復本姓賀蘭氏，除名，流雷州。」流配的原因，《舊唐書・外戚（武承嗣）傳》言之甚詳：「敏之既年少色美，烝於榮國夫人，恃寵多愆犯，則天頗不悅之。咸亨二年，榮國夫人卒，則天出內大瑞錦，令敏之造佛像追福，敏之自隱用之。又司衛少卿楊思儉女有殊色，高宗及則天自選以爲太子妃，成有定日矣，敏之又逼而淫焉。及在榮國服內，私釋衰絰，著吉服，奏妓樂。時太平公主尚幼，往來榮國之家，宮人侍行，又嘗爲敏之所逼。俄而奸汙事發，配流雷州，行至韶州，以馬韁自縊而死。」（《新唐書・外戚（武士彠）傳》略同）李善因爲賀蘭敏之薦其爲崇賢館學士、轉蘭臺郎，而被安上「與賀蘭敏之周密」的罪名坐配姚州的，時間當在咸亨二年六月。

《舊唐書・高宗紀》云：「（咸亨五年）秋八月壬辰……皇帝稱天皇，皇后稱天后。改咸亨五年爲上元元年，大赦。」（《新唐書・高宗紀》略同）又云：「（上元二年）六月戊寅，以雍王賢爲皇太子，大赦。」（《新唐書・高宗紀》同）李善遇赦放還，當在此二次大赦之中，即是說，不在上元元年八月，就在上元二年六月。

五、李善與文選學

《新唐書・李邕傳》載，善「遇赦還，居汴，鄭間講授，諸生四遠至，傳其業，號『文選學』。」李善於上元元年（674）或二年（675）遇赦放還後，居於汴州（今河南省開封市）及鄭州（今河南省鄭州市）間，聚徒講學，傳授《文選》。生徒傳其業，號「文選學」。

李善「文選學」，是以解讀《文選》爲宗旨的《文選》詮釋。唐李匡乂《資暇集》卷上「非五臣」條云：

> 世人多謂李氏立意注《文選》爲過迂繁，徒自騁學，且不解文意，遂相尚習五臣者，大誤也。所廣徵引，非李氏立意，蓋李氏不欲竊人之功，有舊注者，必逐每篇存之，仍題元注人之姓字。或有迂闊乖謬，猶不削去之。苟舊注未備，或興新意，必與舊注中稱「臣善」以分別。既存元注，例皆引據，李續之，雅宜殷勤也。代傳數本李氏《文選》，有初注成者，復注者，有三注、四注者，當時旋被傳寫之。其絕筆之本，皆釋音訓義，注解甚多，余家幸而有焉。嘗將數本並校，不唯注之贍略有異，至於科段，互相不同，無似余家之本該備也。因此而量五臣者，方悟所注，盡從李氏注中出。開元中進表，反非斥李氏，無乃欺心歟！且李氏未詳處，將欲下筆，宜明引憑證，細而觀之，無非率爾。

李匡乂所謂初注者，復注者，三注、四注者，今已不復可睹。敦煌文獻中，P2528（《西京賦》）和 P2527（《答客難》、《解嘲》）兩個寫卷，是唐人所鈔的李善注《文選》寫卷，校之今本《文選》，注文詳略，各有不同，或此有而彼無，或此無而彼有，其科段亦間或有異（筆者另有文探討此間題，於此從略），其初注、復注、三注四注之本，容或有之。

今所存李注《文選》最早的刻本，有北京圖書館藏北宋刊本（十四冊，存二十一卷），和南宋淳熙八年貴池尤袤刻本兩種。其注文問題複雜，今姑不論。以正文文本而言，已非李注本之原貌。

今聊舉二例，以證明之。

尤刻本《文選》卷四〇任彥昇《奏彈劉整》（北宋本缺此卷）一文，以日本京都大學影古鈔本《文選集注》卷七九所載之該文校之，詳略有所不同。正文「侵奪分前奴教子當伯」下，尤刻本有「並已入眾，又以錢婢姊妹弟溫仍留奴自使。伯又奪寅息逡婢綠草，私貨得錢，並不分逡」34 字，集注本正文無之，此三十餘字，集注本於注文中出之（集注本只有 32 字），注明《鈔》及五家本有之。就是說，集注本注文中之這段文字，是據《文選鈔》及五臣本之正文加入的。而尤刻本正文有此 34 字，當是刻書者所爲，非李注本原有（說詳下）。又尤刻本此下正文「整及母並奴婢等」至「整即主」一段 692 字，集注本正文亦無之，此六百餘字亦出現在集注本注文之中，注明五家本有之（集注本注文中此段文字共 684 字）。尤刻本「整即主」句下注云：「昭明刪此文太略，故詳引之，令與彈相應也。」此條注文，使人產生錯覺，似乎此六百餘字，是李善所補入，校之以集注本，方知此亦刻書者所爲，此條注非李善原注，此六百餘字亦非李善本原有，理由有三：其一，集注本正文當依李善本，其注文首列善注，次列鈔、音決、五臣注、陸善經注是其證。其二，集注本注文之末，間或有校語「今案」云云，校語有言鈔、音決、五家、陸善經某字作某者，從未言及李善作某者，其正文文字依李善本，當無疑義。其三，此六百餘字全是訟辭，若爲李善添入，依李善注書之例，不可能不略加注釋，今尤刻本此二段文字李善隻字未注，是以說明李善本原本無之，乃刻書者添入，眞正是五臣亂善。

北宋本《文選》卷四七袁彥伯《三國名臣贊序》「故復撰序所懷，以爲之贊云」下，作：

魏志九人，蜀志四人，吳志七人：荀彧字文若，諸葛亮字孔明，周瑜字公瑾，荀攸字公達，龐統字士元，張昭字子布，袁煥字曜卿，蔣琬字公琰，魯肅字子敬，崔琰字季珪，黃權字公衡，諸葛瑾字子瑜，徐邈字景山，陸遜字伯言，陳群字長文，顧雍字元歎，夏侯玄字泰初，虞翻字仲翔，王經字承宗，陳泰字玄伯。

尤刻本同。《文選集注》卷九四，此段作：

魏志九人	蜀志四人	吳志七人
荀彧字文若	諸葛亮字孔明	周瑜字公瑾
荀攸字公達	龐統字士元	張昭字子布
袁煥字曜卿	蔣琬字公琰	魯肅字子敬
崔琰字季珪	黃權字公衡	諸葛瑾字子瑜
徐貌字景山		陸遜字伯言
陳群字長文		顧雍字元歎
夏侯玄字泰初		虞翻字仲翔
王經字承宗		
陳泰字玄伯		

於此可知，蕭統原本及李善注本此段文字，如《史記》、《漢書》之諸《表》，旁行斜上，其排列如集注本者。後世刻書者不審其勢，逕以直行書之、刻之，以致次序紊亂，讀之令人百思不得其解也。

敦煌文獻 P2833《文選音》寫卷，所存者有此篇之音釋，此段之排列如下：

魏志：彧于月，琰□□。蜀志：龐步江，蔣江兩，琬於遠。吳志：瑜以朱，蓀，應于恭，翻方元。

此鈔本有誤有脫，「蓀」當是「遜」字之誤，「應」當是「雍」字之誤（於恭切出之音爲「雍」）。《文選音》排列之次第，與集注本同，可證集注本不誤。

又宋王應麟《小學紺珠》卷六，亦選載此段文字：

三國名臣二十人

魏九人：荀彧文若，攸公達，袁煥曜卿，崔琰季珪，徐邈景山，陳群長文，夏侯玄泰初，王經承宗，陳泰元。蜀四人：諸葛亮孔明，龐統士元，蔣琬公琰，黃權公餐。吳七人：周瑜公瑾，張昭子布，魯肅子敬，諸葛瑾子瑜，陸遜伯言，顧雍元歎，虞翻仲翔。

晉袁宏作序贊。

是宋時王應麟所見之《文選》，此段文字尚未經竄亂也。

因之，還原《文選》及李注之本來面貌，是當前選學研究的首要課題。

編後記

《〈昭明文選〉叢考》今已殺青付梓，我總算鬆了口氣。今將書中各篇出處，標注如下。《書〈梁書·劉峻傳〉後》，載《古籍整理與研究》第 4 期，中華書局 1989 年 3 月。《沈約任昉年譜》載《學術集林》卷 12，上海遠東出版社 1997 年 12 月。《左思〈三都賦〉綦毋邃注發覆》，載《古籍整理研究學刊》1994 年第 6 期。《俄藏敦煌本 Φ242〈文選注〉考》，載《古籍整理研究學刊》1998 年第 2 期。《〈文選〉陸機〈演連珠〉劉孝標注疏證》，載《劉孝標集校注》附錄，上海古籍出版社 1988 年 2 月。《天津藝術博物館藏〈文選集注〉殘卷考》，載《〈昭明文選〉與中國傳統文化》（第四屆文選學國際學術研討會論文集），吉林文史出版社 2001 年 8 月。《古老詮釋文本的再度詮釋》，載《遼寧大學學報》（哲學社會科學版）2000 年第 4 期。《日本永青文庫藏敦煌本〈文選注〉補箋》，載《新國學》第 1 卷，巴蜀書社 1999 年 12 月。《日本新出古鈔〈文選集注·南都賦〉殘卷考》，載《文史》2006 年第 1 輯，中華書局 2006 年 2 月。《敦煌本〈文選〉賦二篇校證》，載《古代文獻的考證與詮釋》（海峽兩岸古典文獻學國際學術會議論文集），上海古籍出版社 2006 年 12 月。《吐魯番本〈文選·七命〉殘卷考》，載《域外漢籍研究集刊》第 2 輯，中華書局 2006 年 5 月。《敦煌本 S5550〈文選·晉紀總論〉殘卷校證》，載《中國文選學》（第六屆文選學國際學術研討會論文集），（北京）學苑出版社，2007 年 9 月。《國家圖書館藏敦煌新 1543〈文選·辨亡論〉寫卷校證》，載《中國詩學研究》第 6 輯，安徽人民出版社 2007 年 9 月。《敦煌石室〈文選〉李善注本殘卷考》，載《西南民族大學學報》（人文社科版）2007 年第 1 期。《〈文選·齊竟陵文宣王行狀〉校讀札記》，載《新國學》第 5 卷，巴蜀書社 2005 年 3

月。《〈文選〉分類之我見》，載《書品》1999 年第 5 期，中華書局 1999 年 9 月。《〈文選集注〉傳存管見》，載《書品》2000 年第 6 期，中華書局 2000 年 11 月。《李善生平事跡考辨》，載《文獻》1999 年第 3 期。

另外需要說明的是，《敦煌本〈文選・五等論〉寫卷校證》一文，前此未曾發表，第一次面世。

向茂龍

二〇一七年四月